本书为2020年度教育部人文社会科学研究专项任务项目（高校辅导员研究）《高校网络意识形态领域风险防控化解机制研究》（项目编号：20JDSZ3033）

福建省中国特色社会主义理论体系研究中心2019年度项目《网络热点视域下大学生意识形态引导策略研究》（项目编号：FJ2019ZTB060）

中宣部2020年宣传思想文化青年英才自主选题项目《基于网络舆情的网络综合治理研究》（项目批准号:FJ—2003）的阶段性成果。

光明传媒书系

# 青年网络画像与媒介素养

主 编｜叶 燊
副主编｜许建萍

光明日报出版社

图书在版编目（CIP）数据

青年网络画像与媒介素养 / 叶燊主编. --北京：光明日报出版社，2021.6

ISBN 978-7-5194-6105-8

Ⅰ.①青… Ⅱ.①叶… Ⅲ.①青年—互联网络—研究—中国 Ⅳ.①D669.4

中国版本图书馆 CIP 数据核字（2021）第 092200 号

### 青年网络画像与媒介素养
QINGNIAN WANGLUO HUAXIANG YU MEIJIE SUYANG

| | |
|---|---|
| 主　　编：叶　燊 | 副 主 编：许建萍 |
| 责任编辑：刘兴华 | 责任校对：刘欠欠 |
| 封面设计：中联华文 | 责任印制：曹　净 |

出版发行：光明日报出版社

地　　址：北京市西城区永安路 106 号，100050

电　　话：010-63169890（咨询），63131930（邮购）

传　　真：010-63131930

网　　址：http://book.gmw.cn

E - mail：liuxinghua@gmw.cn

法律顾问：北京德恒律师事务所龚柳方律师

印　　刷：三河市华东印刷有限公司

装　　订：三河市华东印刷有限公司

本书如有破损、缺页、装订错误，请与本社联系调换，电话：010-63131930

开　　本：170mm×240mm

字　　数：214 千字　　　　　　　　　印　　张：16

版　　次：2021 年 6 月第 1 版　　　　印　　次：2021 年 6 月第 1 次印刷

书　　号：ISBN 978-7-5194-6105-8

定　　价：95.00 元

**版权所有　　翻印必究**

# 前　言

你真的了解与你朝夕相处的青年是什么样的吗？也许你见识过他们在课堂上的才思敏捷，目睹过他们在运动场上的矫健身姿，领略过他们在舞台赛场上的青春飞扬，但你是否了解，他们在互联网上的百变脸谱？又是否了解他们的网络媒介素养？

在"双11"的秒杀之夜，他们可能化身为"买买买"的剁手党；在微信朋友圈中，他们可能是"休息五分钟、学习一整天"的学霸；在"鬼畜和科技齐飞"的B站上，他们可能是任何新鲜热辣电子产品都知晓的数码达人；在"身体和心灵，总有一个在路上"的旅行社区中，他们可能是追求诗与远方的文艺小清新；在睁眼闭眼"饿了么"和"吃什么"的犹豫不决中，他们可能变成了一年外卖盒堆起来可以绕地球三圈的资深吃货；在抖音动感韵律和节奏中，他们可能是化妆护肤知识信手拈来的带货女王；流连忘返于腾讯、爱奇艺和优酷的年度大戏，他们可能是追剧一刻不能停的迷弟迷妹。

你可曾知晓，当自己还在"五加二""白加黑"地关注着每个青年学生的成长轨迹和思想动态时，互联网正悄然生成着青年的"成长日记"。这本隐形的"成长日记"不是通过文字和声音记录的，而是通过新媒体时代的数据和历史记录所构成的。当青年日夜畅游于互联网、徜徉于社交媒体之上时，他们会根据自己的兴趣爱好和个人偏好进行信息筛选和浏览——一则严肃正经的时事新闻、一段悦耳舒缓的轻音乐、一部紧张刺激的科幻电影、一篇清新隽永的抒情美文、一组抓人眼球的纪实摄影、一款酣畅淋漓的减压游戏，凡此种种，都在网络上悄然留下了深深浅浅的脚印和痕迹。青年的网络画像与媒介素养日渐清晰。

"互联网是有记忆的生命体"。那些不经意的点击、下意识的分享、无目的的转发、花心思的评论，都构成了每个青年独一无二的"互联网脸谱"。这里面潜藏着青年的兴趣爱好，留存着青年的成长踪迹，印刻着青年的思想动态，也反映着青年的媒介素养。作为思政工作者的我们，如果能多一点耐心和好奇心，带着上下求索的求知欲进行"解码"和"破译"，便会发现当代青年的兴趣爱好广泛而多元，思维敏捷而开阔，行为个性而张扬。他们的所思所想、所行所悟，都带有强烈的互联网属性。

当这些五花八门的身份标签、五彩缤纷的互联网足迹与青年自带的现实社会属性聚合碰撞后，便形成了网络青年画像。所谓的"青年画像"，即将青年的社会属性、生活习惯和消费行为等信息汇聚一堂、熔于一炉，并从中分拣、提炼和抽象出一个高度精炼的特征标识，形成了特殊的用户模型。当然，正所谓"千人千面"，每个青年都有着不同的兴趣广度和思想深度，加之在网络这个虚拟社会和现实社会频频发生"身份切换"，因此青年在不同的网络新媒体上可能呈现出截然不同的"面孔"——微信朋友圈中追求岁月静好的"小确幸"，转战微博后却发现条条博文都充斥着宣泄情绪，摇身一变成为了"大确丧"；在严肃正经的知识分享型社区安安静静的"小透明"，在用户发言门槛不断降低的贴吧中却勇于舌战群儒，成为名噪一时的"最强嘴炮"；在抖音、YouTube 上晒美食、秀恩爱的文艺范，在每月待还的花呗账单中却显露出"宝呗青年"的吃土本性。当我们将这一张张网络面孔进行重现，就能发现潜藏在"青年用户画像"背后的"用户思维逻辑"。

那么，这么做有什么意义呢？其作用主要有三点：第一，摸清青年的价值偏好，通过"投其所好"的方式进行精准信息推送。当前，互联网信息鱼龙混杂、泥沙俱下,各种负面营销层出不穷,都诱发着青年的好奇心,挤占着其宝贵的注意力。因此,只有把握青年的价值偏好,有针对性地投放正能量信息,才能把握其注意力资源,使之不至于被负面信息所侵扰。第二,掌握青年的所思所想,把握青年的思想动态和行为方式,避免思想政治教育"自说自话"。青年在匿名、开放、平等的网络平台所呈现的面孔才是其最真实的面孔,而潜藏在面孔之下的性格特征、社交属性、兴趣爱好往往在现实生活中难以察觉。因此,当描绘出青年用户画像后,即可对背后的数据进行深度挖掘,进行聚类分析,这些大数据足以支撑我们更好地走近青年,领跑青年,帮助青年提升媒介素养。第三,形成互联网时代青年的身份标识,完成对"网络原住民"群体的特征速写。每个时代的青年都带有特殊的时代烙印,也有着独一无二的群体记忆。这样的烙印和记忆总是稍纵即逝,往往湮没于时间的洪流之中,终将了无踪迹。只有对其群体特征进行描摹和勾勒,才能记录下当代青年最真实、最浓墨重彩的时代烙印,形成历久弥新的集体记忆。

本书在福建师范大学舆情团队六年工作成果的基础上提炼编写。这项挖掘青年用户数据、构建青年用户画像、提升青年媒介素养的工作已持续运转近2000个日日夜夜。从最初的兴趣爱好变成了一项固化的日常任务,从之前只言片语的零散记录变成了如今的系统成书,从原本"三个臭皮匠"的学生团队变成了当前的专业化师生团队。这期间,充满了成长和蜕变的喜悦。感谢团队师生在资料搜集、整编过程中的无私付出。诚然,由于学识有限,加之笔力不逮,本书可能存在疏漏之处,也难免有挂一漏万之嫌,还恳请各位读者多多批评斧正。

请做好准备,我们正揭开当下青年网络画像背后的神秘面纱。

(本书编写组)

# 目 录
## CONTENTS

**第一章　再现 or 重构:"青年画像"知多少** ………… 1
 引言:时代呼唤"青年画像" ……………………… 1
 标签符号:今天,青年被贴标签了吗? …………… 8
 文化生态:今天,青年被亚文化俘获了吗? ……… 9
 政治参与:今天,青年关心国家大事了吗? ……… 10
 学习就业:今天,青年学习强国了吗? …………… 11
 社交婚恋:今天,青年恐社交恐婚了吗? ………… 12
 网络世界:今天,青年上网冲浪了吗? …………… 13
 生活选择:今天,青年佛系养生了吗? …………… 14

**第二章　个性 or 刻板——青年的标签符号** …………… 16
 引言:符号化的新概念人群 ……………………… 16
 佛系青年:90 后丧燃人生 ………………………… 20
 积极废人:青年立 flag 的廉价梦想展销会 ……… 27
 油腻青年:青年群体"未老先衰"的精神状态 …… 31
 好胜青年:"单通道社会"中青年的焦虑 ………… 35
 以杠为乐:互联网"杠精"生存法则 ……………… 38

## 第三章　主流 or 边缘——青年的文化生态 ········· 45
引言：高校青年学生群体中泛滥的八种"亚文化" ······ 45
饭圈文化：娱乐偶像"宗教化" ··················· 52
锦鲤文化："转发锦鲤"的人生巅峰 ················ 57
土味文化：畸形的网络审丑 ······················· 62
网络晒文化：青年人的"时尚心病" ················ 65
围观文化：吃瓜群众的狂欢 ······················· 69
犬儒主义：青年人的处世之道 ····················· 73

## 第四章　积极 or 冷漠：青年的政治参与 ············ 79
引言：青年政治参与的冷与热 ····················· 79
"刘胡兰"离当代大学生有多远？ ·················· 82
伪历史剧，真的只是伪了历史？ ··················· 84
"诋毁英雄"式新型历史虚无主义 ·················· 88
精日现象解读：从何处来，到何处去？ ·············· 94
高校学生党员群体中的"两面人" ·················· 98
警惕面具背后的"伪爱国" ······················· 101
从文化类综艺节目看青年文化自信 ················· 106
舆论场中青年网民中国自信的崛起 ················· 111

## 第五章　校园 or 社会——青年人的学习就业 ········ 116
引言：从象牙塔到社会人 ························· 116
"留学热"对撞"归国潮" ························ 118
"人艰不拆"的女博士该何去何从？ ················ 123
畸形的"学术同温层" ··························· 127
"不知知网"某明星学术造假事件 ·················· 130
替课成产业链，谁该问责？ ······················· 136

慢就业：缓解就业压力的良药？ …… 141
"95后"就业观"四不"新特征 …… 145
"天价实习"，实习乱象如何禁绝？ …… 151

## 第六章 新潮or反常——青年的社交婚恋 …… **157**

引言：婚恋社交我做主 …… 157
社交疲倦：青年人的逃离现象 …… 160
毕业季"喝酒致死"敲响校园安全警钟 …… 164
红色罚款单：高校"礼尚往来"之歪风 …… 168
从"霍金去世"看社交狂欢式悼念 …… 171
女性陷阱，PUA骗局如何破？ …… 174
青年"懒婚"：稳稳的幸福要等一等 …… 176
空巢青年：独处的城市战斗者 …… 180
半熟主义：青年新型恋爱观知多少？ …… 184

## 第七章 有序or无章——青年的网络世界 …… **187**

引言：青年的网络生存报告 …… 187
网络文化："AWSL"问鼎年度弹幕 …… 190
网络世界：B站跨年晚会成"流量之王" …… 193
网络直播：暴露青年精神世界空虚 …… 196
网络竞技：究竟是来者不善还是网瘾良方 …… 200
网络乱象：病态的人体刺绣 …… 203
网络红文：从"心灵鸡汤"到"心灵砒霜" …… 206
网络舆情："泛维特效应"现象分析 …… 209

## 第八章 追求 or 放纵——青年的生活选择 ... **216**

引言：生活的诗和远方 ... 216

装嫩与叹老：青年人的成长矛盾 ... 217

危机与考验：青年人的心理压力 ... 220

"90后"负债：我们的钱去哪了？ ... 222

"校园贷"：陷阱还是馅饼？ ... 225

"伪精致"：被"仪式感"绑架的青年 ... 228

警惕新型"特困生" ... 231

高校学生"体质断层"如何愈合？ ... 235

战"疫"中的中国青年"百态" ... 238

# 第一章 再现 or 重构："青年画像"知多少

## 引言：时代呼唤"青年画像"

要不要打个赌——即便是最认真负责的思政工作者，也对青年的真实面孔知之甚少？

你也许知道当下很多"宝呗青年"，但他们每年在淘宝上"剁手"几次，熬夜蹲守"双11"的战果如何，你知道吗？你也许知道被外卖惯坏的"懒癌青年"，但他们的体重又被"饿了么"和美团外卖拉高了多少，平时最喜欢几点进食，饮食口味偏好如何，你知道吗？你总是对"网瘾青年"唉声叹气，但他们为喜爱的英雄角色贡献了多少套皮肤，每年在网游上砸入了多少真金白银，你知道吗？你也许自己也会关注"抖音青年"，但他们一则短视频能够收获多少"老铁双击666"的疯狂点赞，引发多少其他"抖友"争相效仿，你知道吗？你也许感慨造星运动催生出无数"追星青年"，但他们为了自己的爱豆经历了多少次熬夜打榜，又是如何在新媒体上通过社交动员为自己的"本命"疯狂打call，你知道吗？

很遗憾，青年互联网行为生成的数据量极为庞大，远远超过了思政教师的脑容量，可谓不折不扣的"大数据"。因此，你也许会好奇——

我又不是"记忆大师",这些数据我该如何知晓?更何况,知道了这些数据,又有什么作用呢?互联网可是有记忆的,任何人都会在网络上留下千百条足迹和信息,并以另一种方式回归和再现——画像。

### 一、掀起青年的神秘面纱

"青年画像"看似神秘,仿佛在互联网时代横空出世一般,其实不然。党中央格外重视青年工作。习近平总书记在十九大报告中掷地有声地强调"青年兴则国家兴、青年强则国家强。青年一代有理想、有本领、有担当,国家就有前途,民族就有希望。"[①] 毫无疑问,青年的发展关系国家和民族的发展,要想提升和促进青年的发展,首先必须要了解青年、读懂青年。那么如何才能"走进"和"走近"青年呢?互联网时代,为我们提供了除了面对面以外的方式——网络青年画像。通过这种方式,能够让我们认识青年、亲近青年、解读青年,进而可以更有针对性地开展教育引导青年的相关工作。青年画像的内涵,可以从以下方面加以理解。

第一,青年画像的对象是"青年",应该解决的核心问题在于研究谁?为什么该群体值得研究?该群体最典型的特质是什么?"青年"的年龄界定在全世界不同的国家、社会中不尽相同,且随着政治、经济、文化等各方面的发展变化而悄然变化。鉴于本书所讨论的焦点主要是中国的青年群体,故采用《中国共产主义青年团章程》中的规定,将研究对象限定为14至28周岁的青年群体,特别聚焦于18至28周岁的青年。这个年龄段的大部分青年,正好处于从"学校人"向"社会人"的转变阶段,完成了从"校门"到"单位门"的过渡,身份从"学生党"变成了"上班族"。作为社会中最活跃、最具活力的群体,青年是

---

[①] 《党的十九大报告学习辅导百问》编写组. 党的十九大报告学习辅导百问[M]. 北京:学习出版社,2017:55.

中国特色社会主义事业的建设者和接班人。正因如此，只有全方位、宽领域、多层次地认识青年、理解青年，才能更好地凝聚青年、服务青年，不断巩固和扩大党执政的青年群众基础。

第二，青年画像的基础是"画"，应该解决的核心问题在于怎么画？既然是"画像"，那么必然要以"画"作为基础性工作。一是"画什么"。青年画像，从浅层方面来说，是依据青年群体的外在特征，以线条、符号、图形等方式绘制画像，通常是艺术学、美术学等专业学习和研究的对象。比如，美丽的肖像画、逼真的雕塑、抽象的形体等。从深层方面来说，是根据青年的言行、思想、心理、精神的特点和特征绘制成像。这种方式通常是用文字、图表、动画等方式，对青年的言行、精神状态和面貌进行描绘，并通过画像的方式加以呈现，以此深刻了解青年的世界观、人生观、价值观等。鉴于新媒体时代的时空特性和青年特点，本书所要探讨的青年画像侧重于后者，旨在通过勾勒青年的所思所想和所做所悟，对青年的面貌进行全景式的呈现，以此促进对青年全面了解和精准把握。二是"怎么画"。要从青年的视角看青年，依靠青年画青年。可以通过观察、分析和总结青年们关注、关心的热点问题，深入青年群体，了解青年文化，做到抽丝剥茧、层层推进。要用好大数据技术，收集、整理、分析有关青年的各方面的信息，确保透过现象看本质，进行归纳总结，给出高度凝练性、概括性的结论。

第三，青年画像的关键是"像"，应该解决的核心问题在于如何画得像？怎样提高可读性和趣味性？虽然画像不可能"分毫毕现"，但却可以技术性地处理使之变得可感、可悟、可读，使之无限接近青年群体的内核。为了让画像尽可能"栩栩如生"，可以在三个方面进行着重发力。一是必须坚持用马克思主义的立场、观点、方法来看待青年、认识青年、解读青年，特别是本着"实事求是"的态度和精神，实实在在、完完整整地呈现青年本来的真实模样，而非"加滤镜""化浓妆"和"开美颜"，刻意美化青年群体，失却了画像的意义。二是要立足于时代背景和现实生活来理解青年。青年是时代的"弄潮儿",其行为和思想必然会打上时代烙印,所以必须将目光投射于时代的滚滚洪流中,从发展的、动态的角度解读青年。三是画像的"素材"要丰富多样。正如美术作品一样,"画像"也需要完整且具体地呈现,而不应该是抽象式、破碎化和意识流的艺术品,否则会因为"曲高和寡"而失去应用价值。因此,必须尽可能多地收集"素材"、分析"素材"和总结"素材",使之有利于成像的完整、真实和可靠。

## 二、"青年画像"与时代需求

"青年画像"能够呈现出青年"最好的一面",亦能够呈现出青年"最坏的一面",是认识青年、亲近青年、了解青年最为便捷且直观的工具。在一幅幅生动活泼的"画像"背后,其实潜藏着青年碎片化的情绪释放、符号化的传播方式、部落化的群体结构。可是,遗憾的是这些"内幕"总是"养在深闺人未识"。只有对这些"犹抱琵琶半遮面"的内容进行深入挖掘和呈现,才能够描摹出当代青年的"轮廓",为其思想引导和成长服务提供理论和实践依据。

### (一)发展马克思主义青年观的"通关宝典"

马克思主义以辩证唯物主义与历史唯物主义的观点认识青年,形成了具有战略性、阶级性、时代性的马克思主义青年观。古往今来,青年都是推动社会进步和锐意创新的生力军。正如毛泽东所说,要"注意研究如何特别发挥青年人的力量,不要将他们一般看待,抹杀了他们的特点"。[1] 只有对青年的特点进行辩证认识,才能够发挥青年的优势,使之成为可堪民族复兴大任的时代新人。

习近平总书记指出"青年身上蕴藏着巨大的创造能量和活力。要

---

[1] 佟静. 简析毛泽东的青年观[J]. 中国青年政治学院学报, 2004 (6).

充分认识青年的这种特质，适应这种特质去拓展工作，否则就会落后于青年"。① 由此可见，只有"深入研究当代青年成长的新特点和新规律，把准方向、摸准脉搏"，② 才能用青年喜欢的方式、想听的语言、常用的工具与之对话，成为青年的知心朋友。青年的成长成才有着独特的规律和自身的节奏，所以必须用发展的、动态的马克思主义青年观认识青年、亲近青年，抓住青年群体的本质特征与发展趋势。

一是要通过"青年画像"精准描绘青年的生理特征和心理特点。"青年画像"并不是通过生硬的语言和枯燥的话语描述抽象的人性，而是通过鲜活的案例和图表呈现青年的社会关系、所思所想、行为习惯，重点聚焦于青年喜欢什么内容、在哪里驻足、运用何种语言、关注哪些热点等信息，着力挖掘青年的社会属性。

二是要透过"青年画像"纷繁复杂的数据，洞察青年的时代困惑。"青年画像"绝非杂乱无序的文字堆砌和图表叠加，而是存在可供挖掘的规律性素材。从"青年画像"中，可以把握当代青年的所思所想、所感所悟，也能从中窥探出青年到底因何而困惑，从而为外部介入干预提供技术引导和智力支撑。

三是要利用"青年画像"实事求是地对青年构建起客观且全面的辩证认知。认识青年、亲近青年，绝不意味着美化青年、粉饰青年的不足之处，而应该本着实事求是的精神对青年的生存和发展状态进行全面描述，不偏不倚。这就要求既要看到青年身上的"闪光点"，又要正视青年身上的"小毛病"，在把握共性和尊重个性的基础之上，为青年工作找准方向，巩固和扩大党执政的青年群众基础。

---

① 中共中央文献研究室. 习近平总书记关于青少年和共青团工作论述摘编［M］. 北京：中央文献出版社，2017：66.
② 中共中央文献研究室. 习近平总书记关于青少年和共青团工作论述摘编［M］. 北京：中央文献出版社，2017：108.

## (二) 加强高校思想政治工作的"武林秘籍"

习近平总书记曾引古训"审大小而图之,酌缓急而布之;连上下而通之,衡内外而施之"① 以此说明引领、驾驭和激活青年工作的方式方法。对高校思想政治工作者而言,既要强化高校思想政治工作的谋篇布局,又要注重细节感知。这里的细节感知,指的就是通过青年画像,呈现出更为准确、快速、全面的青年状态,找到思想政治教育工作的"盲点",把握青年排斥拒绝的"痛点",使思想政治教育更具时代性和实效性。

一是"青年画像"促使思想政治教育科学性和趣味性共生。新媒体时代,传统的思想政治教育已经难以跟上青年的发展步伐,特别是网络的出现对青年工作提出了"更及时、更聚焦、更科学"的工作要求。青年画像通过整合和分析青年的网上活动痕迹,并与其网下的行为数据相互关联贯通,能够对青年行为进行总体把握,对此展开精细分析。这能够克服传统思想政治教育过程中的无力感和盲目感,增强科学决策的效果,提升科学化教育管理的水平。

二是"青年画像"促进教育内容由显性灌输与隐性渗透相兼容。思想政治教育发挥导向力,其关键在于内容。青年画像借助大数据技术,能够透过纷繁复杂的数据直达青年痛点,为思想政治教育创造了可量化的维度,实现"按需定制"。思想政治教育工作者借助研读青年画像,能够把准青年脉搏,更加有针对性地创设主题式、问题式的情境,在潜移默化中将教育内容的"神"和情景设计的"形"融合,让思想政治教育更加可亲、可感,更加入脑、入心。

三是"青年画像"促成青年需求和思想政治教育导向的双融合。青年画像能够帮助思想政治教育工作者依据青年的"痛点"进行智慧

---

① 人民日报评论部. 习近平总书记用典 [M]. 北京:人民日报出版社,2015:37.

化教学。当画像揭示青年持续关注网络新闻动态时,便可以在课堂上增加对社会热点、民生问题的深度解读。当画像描绘出青年热衷网购和网络信贷消费的群体样貌时,则应该选择适时适度的方式向青年讲解网络购物、网络诈骗的相关知识,提高教育效果。

(三)巩固意识形态话语权威的"打怪指南"

意识形态教育虽然看不见、摸不着,却是一项"极端重要的工作"。传统的意识形态教育工作,难免令人觉得"人心隔肚皮",对青年开展苦口婆心地说服教育,似乎总感觉"隔靴搔痒""隔山打牛",难以直达青年内心。青年画像通过数据的采集和分析,能够窥探出青年隐藏在学习、生活、社交、政治参与等多张网络"脸谱",并探求背后蕴藏的价值理想和利益诉求。基于此,则能够因势利导,巩固主流意识形态话语权。

一是"青年画像"化意识形态教育"无形"为"有形"。意识形态是一种纯粹的理论形态,其难以被主观感知,更难以被量化评价。借助青年画像能够对青年的行为数据、心理数据进行收集、提取和整合,形成较为真实客观的"数据脸谱"辅助教育。

二是"青年画像"使话语言说内容从"无序"变"走心"。青年画像借助网络数据,能够及时了解社情民意,识别青年思想动态,掌握青年的话语习惯和心理特征,并进一步挖掘其生活态度、行为习惯和价值立场。如此一来,方能够"知彼知己",用青年想听爱听的方式,对不同思想层次的青年展开差异化的意识形态教育工作。

三是"青年画像"将青年利益诉求从"生硬"变"鲜活"。多样化的思想观念和理论思潮背后,隐藏着一定的利益诉求。网络的匿名性,为青年真实诉求的表达提供了"保护",使得这些诉求更能反映真实想法和集体情绪,若能抓早抓小,提前干预,就可以有效阻断负面情绪的蔓延。

综合来看，青年画像通过数据的采集，能够让教育者把握青年的所思所想和意识动态，真正做到贴近青年、了解青年和深入青年，借助画像把握青年的成长轨迹，服务青年的成长成才。

## 标签符号：今天，青年被贴标签了吗？

"贴标签"可谓互联网领域最为经久不衰的行为。从最早期网络论坛上的用户搞怪的"个性签名"，到即时通信工具 QQ 上风靡一时的"好友印象"，再到现如今抖音、微博、知乎等社交媒体上的"一句话介绍你自己"，都是"贴标签"的多种形态。当然，这些标签不仅能够简单直白地展现青年的生活方式和人生信条，也可以运用明褒暗贬或正话反说等方式隐晦表达情绪和观点，更能够从中窥探出互联网的滚滚洪流是如何大浪淘沙，留下弥足珍贵的网民集体记忆。在新媒体时代，"贴标签"已经成为普遍的行为——"直男癌"总能诱发口诛笔伐和恶评如潮，"脑残粉"让青年避之唯恐不及，"文艺范"构建起了网络上田园牧歌式的生活方式令人艳羡。无论如何，从这些不同时代、不同群体身上被贴的"标签"上，我们都能看到这个时代和社会的缩影。

当代青年的标签符号不胜枚举，同时也产生了一系列"新概念人群"。比如，那些在芸芸众生中崇尚一切随缘、无意苛求、得过且过、不太走心的活法和生活方式的"佛系青年"；那些尽管心态积极向上，爱给自己立 flag，但行动却宛如废物、目标永远达不成的"flag 青年"；那些可能在工作学习上无欲无求，但却在微信运动、蚂蚁森林等线上 battle 中好胜心异常旺盛的"好胜青年"；那些往往不问真相、不求是非，只是为反对而反对、为争论而争论，抬杠成精的"杠精青年"；那些出任 CEO、迎娶白富美、活成别人家孩子的"斜杆青年"。解构这些极富青年特色和时代烙印的标签符号，将有助于我们给青年"把脉"，看到一部大型且动态的"青年进化史"。例如,"隐形贫困人口"有其自我阶层内的话语认同、消费认同、风格认同和精神认同,若能发现其背后折射出的是其不仅"贫"于物质、"穷"在心绪,而且"窘"在境遇、"困"于精神,① 就能更好地帮助其建立切实的获得感、幸福感和满足感,为其积极进取、奋发有为提供动力支撑。

## 文化生态:今天,青年被亚文化俘获了吗?

随着网络时代的来临,青年群体以网络媒介为载体,创造了一种全新的、专属的、多元的新型文化表达方式,即网络青年亚文化。这种文化深刻地影响着青年的生活方式、行为习惯和价值观念。文化与人类相伴相生,而青年更是网络文化的创造者和享用者。几乎没有哪个群体如青年一样,能够对层出不穷的网络文化迅速掌握,并在短时间内快速衍生出新的"黑话"和"隐性话语",并乐此不疲地成为特定文化群体中的一员。网络文化更多时候呈现出"亚文化"的特征,与主流的"立德树人"的教育宗旨相背离,丧文化、宅文化、靠文化、污文化、星文化等更是具有强烈的叛逆色彩,并得到青年群体的广泛认同和接受。比如,消费社会和"星时代"的到来,让粉丝群体疯狂迷恋偶像和明星,也让"追星文化"再度甚嚣尘上,折射出娱乐偶像"宗教化"的隐忧。再如,对美好生活的向往和追求的"锦鲤文化",倾向于审丑的"土味文化",因宫斗剧《延禧攻略》而走红的"爽文化",热衷于朋友圈分享个人生活点滴的"晒文化",热点事件爆发后从旁看热闹的"围观文化"等。对网络文化生态进行全景式的梳理,能够洞察青年所

---

① 敖成兵.  "隐形贫困人口"的主动标签、阶层认同及温和抵抗[J]. 中国青年研究,2018(10).

处的网络环境氛围，进而探查这些文化特质会对青年的健全人格产生何种影响。

网络青年亚文化并非"洪水猛兽"，如果能够合理汲取其中的有益成分，并将其融入社会主义核心价值观之中，则能够尊重青年的合理需求，激活青年的创造性，在强化青年自我价值认同的基础上，更好地发挥主流文化的建构作用。在思想引领的实践中，主流文化通过对网络青年亚文化进行形式包装、渠道打通、内涵充实、话语改造，则能够扬长避短，去伪存真，推动社会主流文化与青年亚文化良性互动。

## 政治参与：今天，青年关心国家大事了吗？

随着互联网技术的发展，网络政治参与成为当代青年政治参与的一个新途径。网络的多元性和复杂性，使之成为了进行政治宣传和政治渗透的新工具，对青年的政治认同产生了潜移默化的影响，并在一定程度上造成了青年的离心倾向。受经济全球化的影响，西方资本主义国家的政治社会思潮也通过网络潜滋暗长，包藏祸心。一方面，西方政治社会思潮擅长以普世价值作为外衣，借助网络上的电影、电视剧、短视频、广告等一系列传媒产品试图"飞入寻常百姓家"，让青年对西方的政治思想在无形中感知并接受。另一方面，部分网络"大V"罔顾中国特殊的历史国情，全盘宣传西化和分化，照搬照抄西方政治社会的理想情境和价值倡导，大肆宣扬历史虚无主义，在潜移默化中向青年渗透西方国家的价值信念。这都造成了部分理想信念不坚定的青年成为了"精日分子"、伪爱国者、"两面人"等，危及国家的政治安全。

新媒体对青年群体政治认同所发挥的最重要的作用即在于"赋权"。在现实生活中，青年尚未掌握经济以及话语权力而变得"人微言轻"，但在匿名、开放和共享的新媒体上却能够畅所欲言，借助匿名表达环境进行发声，进而改变了自己边缘化的社会地位。值得警惕的是，网络信息鱼龙混杂、泥沙俱下，一些戏谑式的政治参与及政治黑话，也可能影响青年的政治认同。例如，有些伪历史剧宣扬裤裆藏雷、手撕鬼子，拙劣的特效和浮夸的演技完全脱离了历史事实；有些"精日分子""美分党"在网络上大肆宣扬殖民主义，幻想着改变国籍，巴不得连皮肤和血统都统统"改头换面"；有些"两面人"表面上拥护政党和国家体制，但背地里却无端攻击、无下限诋毁，让人对这类"笑面虎"感到不寒而栗。通过分析网络上各式各样的政治参与行为，能够了解青年的政治参与意愿和参与度，在各种社会思潮涌动和价值多元化的时代，引导青年形成对个人与社会、国家关系的正确认知，同时拓宽青年政治参与渠道，健全体制机制，保障青年网络政治参与的有序进行。

## 学习就业：今天，青年学习强国了吗？

每个人的世界都是一个圆，学习是半径，而半径越大，拥有的世界就越广阔。在全球化时代，越来越多的青年走出去接触更宽广的天地，也有越来越多的青年选择回国深造和就业。"史上最难就业年"的数据年年被刷新，而各类与学习和就业有关的新闻报道也总能牵动家长们的敏感神经，成为街头巷尾热议的舆情话题。当前的学习就业大军以"95后"作为新生代，其学习理念和就业观念也悄然发生了变化，既看重工资和薪水，也重视"下午茶和健身房"，既在意自我价值的实现，追求职业发展的潜力，也注重个人兴趣喜好的契合度。这些重视学习效率、学习效果的"95后"们思想上天马行空，拥有着敢想敢做、敢闯敢当的性格，也在学习和就业市场上"搅起一池春水"。

无论是校园"象牙塔"中带给青年的诗与远方，还是职业"斗兽场"留给青年的剑影和刀光,都成为青年成长路途中必须经历的磨难。比如,低龄儿童"留学热"和青年留学生"归国潮"两种趋势并存,让"外国的月亮更圆"的说法不攻自破;以女博士为代表的高学历群体却被视作"第三类人",充满了心酸和无奈;"翟天临"事件掀起了全国范围内轰轰烈烈的学术打假运动;乘着互联网东风吹遍大江南北的替课成为产业链,该问谁的责?再如,"95后"新兴的择业观呈现出何种特征?屡禁不止的"天价实习"揭露了哪些实习乱象?"慢就业"的工作理念为何会虏获青年芳心?对这些现象的探讨,都有助于了解青年的择业观和学习态度,更好地为其提供从校园到社会的指导和服务。

## 社交婚恋:今天,青年恐社交恐婚了吗?

当前,新媒体技术蓬勃发展,应运而生的各种类型的社交软件、情感类节目潜移默化地影响了青年的婚恋观念。从总体上看,青年的婚恋观是积极的、健康的,并呈多元化趋势,从一定程度上折射出未来社会婚恋观的价值取向。但随着社会的发展、社交平台的拓展以及社会多元文化的渗透,青年群体中的社会交往呈现出新特征,部分青年习惯性将自己囚禁在一方天地之中,不想也不愿开展必要的社交活动,将婚恋和友情视为负担,极度想摆脱这种"生命不可承受之重",安心做自己的"围城国王"。

诚如哲人所言"为了避免错误地结束,选择了拒绝开始",在社交和婚恋上"甘于人后"的青年,渐渐变成了"空巢青年"和"居里夫人",不擅长表达和沟通,虽然外表表现地极为"佛系",但内心却渴望交流和理解,陷入到自我矛盾之中。比如,毕业季本该热热闹闹的同学"散伙饭"、师门"谢师宴",却被"酒桌文化"之下的喝酒致死事故笼罩上了一层阴影;原本就经济不独立的青年收到的"红色罚款单",也让"礼轻情意重"变味为"钱多感情深",加重了经济负担。再如,婚恋观从"一吻定终身"变成"结婚试试看",可以看到"试婚族"的强势崛起;"懒婚"也继承了"晚婚晚育"的衣钵,誓将"单身主义"贯彻到底;过于"稳定"而缺乏新鲜感的爱情"保鲜期"过后,"一言不合就分手"也并非新鲜事。只有真正把握青年的社交准则,学会用青年看待事物的方式进行谈心和交流,才能够读懂青年的内心,理解属于青年的"小确幸",有针对性地加强对青年婚恋行为的引导,增强对青年婚恋观的教育。

## 网络世界:今天,青年上网冲浪了吗?

新媒体时代,各种社交媒体迭代更替、层出不穷。QQ空间、微博、微信方兴未艾,直播又走上了风浪口,掀起一波又一波的热潮,并改变着青年的生活方式,让"网络化生存"成为常态。门槛低、交互性强的网络虽然给青年的生活带来了便利,使之成为了社交媒体的最大受益者,但"网瘾少年"屡屡见诸报端,也折射出青年精神世界的空虚,更对自控力不足的青年形成了严峻的挑战。在网络技术这柄"双刃剑"之下,青年的生活方式愈发多元,也让原本潜藏的隐忧被暴露出来。比如,网络直播教学、直播技能、直播运动固然丰富多彩,但直播吃饭、直播睡觉和直播整蛊等内容是否真的有意义有价值?风头正盛的"电竞"是否会为"网瘾少年"提供错误的价值导向,成为沉溺游戏的合理借口?在黑暗中野蛮生长的网络"自杀游戏"和电信诈骗事件,是如何摧毁青年的身心健康的?各式各样的"心灵砒霜"与"毒鸡汤",又是怎样用犀利的言辞和精确的痛点,做到以毒攻毒、揭人伤疤,让人感到"垂头丧气"的?

"明者因时而变,知者随事而制"。现如今,青年学生愈加"活在网上""乐在云端",青年工作也必因事而化、因时而进、因努而新,针对青年"网络化生存"的特点做出悄然的改变和转换。当我们掀开网络世界的帷幕,窥探到青年在网络上的生存状态时,才能够看到真实的青年、多元的青年,也才能够更加有的放矢地展开思想教育和价值引导。

## 生活选择:今天,青年佛系养生了吗?

现代社会,生活节奏被手机、被社交软件主导,"快"成为这个时代的主基调,吃饭有快餐、购物靠快递、出门坐快车。青年在不经意间习惯了一夜暴富、习惯了火线提拔、习惯了一战成名。快节奏的生活带来心理压力,引发集体焦虑,青年的就业、婚姻、事业等压力陡然增大,心理上难免觉得心力交瘁,其危机感和焦虑感便会骤然加剧,让"叹老"成为自我纾解的发泄渠道,也让"养生"成为时下最为潮流风尚的社交话题。如此一来,青年的生活选择似乎都和"步入中年"存在些许微妙的联系,无论是未老先忧的养生计划,还是连年感叹力不从心的身体状况,都让青年呈现出与之年龄不相匹配的焦虑感,似乎和青年朝气蓬勃的社会期许渐行渐远。

当"人未衰老,心态先崩"从一种自我调侃的方式变成一种生活选择时,一场远比"年龄危机"影响更为深远的"心态危机"则更应该引起重视和警觉。比如,曾在网络上风靡一时的"空心病"是否真的如描述般严重,还是只是营销号和网络写手的危言耸听?"熬夜成疾"的"特困生"(特别犯困的学生)们究竟是被什么吸引,以至于"晚上睡不着,白天醒不了"?粉丝不惜"一掷千金"探查明星隐私,造成了数额巨大的"睡后收入",是否真能依靠"脑残粉拉动中国经济"?光鲜外表之下的"伪精致"青年们到底是如何心甘情愿地掉入消费主义的陷阱,成为"隐形贫困人口"?朋克养生的青年,却为什么终究逃不过爆发力、耐力、力量素质纷纷下滑的"体质断层"?对这些问题进行求索,才能了解青年的生活状态和生存信条,理解青年的行为趋向,窥探青年的生活态度,从而站在尊重且理解的角度与之展开交心和谈话,真正成为青年的"倾听者"和"引路人"。

# 第二章　个性 or 刻板——青年的标签符号

## 引言：符号化的新概念人群

作为未来发展的中坚力量，青年人群不仅象征着热血、改变和希望，同时也伴随着叛逆、无序和不确定性，往往成为世人口中"垮掉的一代"。但纵观历史长河不难发现，当初对新生代批评得最激烈的那些方面，往往成为新生代对社会发展和文化创新贡献最显著的领域①。滋生蔓延的青年文化都在不同程度上强烈冲击着主流文化，不同国家的青年文化一度成为该国不可忽视的重要标签。比如发源于大不列颠的 The Mods、Skinheads，风靡美国的 The Hippies，还有来自日本的 Visual Kei、Otaku……伴随中国经济和文化的崛起，青年一代拥有愈发便捷的发声途径，发声欲也更加强烈，并正慢慢经历从一味接收舶来青年文化过渡到逐渐形成自有青年文化的阶段，形形色色的青年标签也悄然产生。

佛系青年、空巢青年、斜杠青年、花呗青年，青年既惧怕被归类，又希望抱团取暖。说到底，这或许只是青年在探索自己的人生定位、社

---

① 邓希泉. 如何看待代际标签 [N]. 中国青年报，2016 - 05 - 09 (2).

会定位,在追寻人格层面、精神层面的成长①。随着舆论场青年标签的大热,"新概念人群"一词成为了青年标签的统称。所谓"新概念人群"是指不断被流行文化裹挟下的网络新词和朋友圈热词定义的群体。一个别致标签总会让一拨人"躺枪"。不管你是谁,似乎都有被某个标签砸中的可能。每隔一段时间出现的热词,往往会引发广大网民以戏谑的口吻对号入座。标签以粗暴而又精准的形式将价值取向、行为取向相近的人捆绑起来,用"外力"塑造圈层形象。从最初的广泛意义上的社会标签如"富二代"等到现在越来越小众化、具体化的标签,如女汉子、铲屎官、理工男,社交媒体用更加色彩鲜明的词来定义你的特质和喜好。

通过不同表征和社会行为将人划分为不同的群体本无可厚非,但随着互联网的传播变革使得"新概念人群"成为了舆论场的特殊现象。被标签的青年的自我定义和自我传播与网络的普及化、自由化密切相关,二者相互"成就"②。"新概念人群"标签热词火爆的背后有以下几点原因。

一、营销推手"暗度陈仓"。善于制造概念也刻意制造概念的营销推手也在这波浪潮中起到了推波助澜的作用,所谓热词也不过是营销推手"设置"给青年以此带动一拨流量而已。注意力经济的崛起加剧了社交媒体之间的竞争,单纯追求点击率以吸引网友眼球就会沦为"标签化"的推手,青年也就不自觉地被"套路"了。

二、社交货币"推波助澜"。每个人都渴望在朋友圈塑造并且强化自己的形象。面对社会流行语,如果一个人能够在朋友圈中持续地提供有价值的信息,并且能够提供社交话题和谈资,这个人的隐形地位就会

---

① 石羚. 年轻人,真的"佛系"了吗[EB/OL]. 微信公众号"人民日报评论",2017-12-06.
② 周兴国. 社会标签与90后自我认知[J]. 大学(学术版),2011(1):41-44.

上升。营销学教授乔纳·伯杰（Jonah Berger）在《疯传》一书中认为，就像人们能够使用货币买到商品或服务一样，使用社交货币能够获得家人、朋友、同事的更多好评和更积极的印象。总之，凡是能买到别人的关注、评论、赞的事物都可以称之为社交货币。网络标签热词正是遵守了"有违常理的戏剧性冲突"才在信息洪流中站上浪尖，从而能够给网友带来谈资①。

三、娱乐心态"暗流涌动"。不管是"佛系青年""隐形贫困人口"还是"积极废人"都代表着我们当前社会心态和社会压力的变化，成年人的生活里从来没有"容易"二字，这种自嘲和消解虽然整体上是无力的，但至少还能在网上掀起一阵波澜。青年也乐得在网络上把自己拎起来把玩一番、吊打一番、自嘲一番，然后继续我行我素。社会和媒体对青年的标签化认识，虽然敏锐地揭示了当代青年的部分特征，但要真正了解把握当代青年，必须打破标签化认识，不能忽视当代青年特征的多样性和多元化。

随便、都行、没关系的"佛系青年"，转身可能挑灯夜战，狂刷排行的"好胜青年"；现实生活中无欲无求，从背井离乡的"空巢青年"到不再满足专一职业的"斜杠先锋"，从追星卖萌的"饭圈女孩"，到守护"阿中"、抗议港独的爱国青年，从"朋克养生"到"油腻青年"，再到"隐形贫困人口"，青年群体乐于通过"贴标签"进行自我辩解和自我娱乐。而研究青年标签的表征、内在动因和其发生规律，对教育引导青年有着重大意义。

首先，从政策视角来看，青年标签的划分就是把在社会结构中具有相似位置、有着相似诉求、面临相似的发展阶段或是需要社会提供相似支持的青年个体，建构成一个有着共同特征的青年群体。社会观念对新

---

① 从新概念人群说起：你为什么总是不断被定义？[EB/OL]．搜狐网，2018-05-15．

生代青年进行整体认知,并通过"标签"的形式自动地把青年个体进行分类,并归入一个被赋予某类特征的社会群体中。这种类别化认知,多以生理特征、行为特征、社会特征等方式来进行。而这样的界定,有助于相关部门更好地为青年发展制定政策、出台措施提供支持。

其次,从社会心理来看,新生代青年群体标签,尤其是负面标签,主要是指拥有支配性权利的"成人社会"运用自己的社会结构权利,如政治权利、舆论权利等,对不符合社会期望的新生代的表现给予一种社会性的负面定性和负向建构,甚至是"成人世界"对社会变迁产生恐慌情绪的集中反映。他们运用支配性权利将"一代不如一代"的陈旧观念通过日益发达的新闻媒体进行的媒介渲染,是旧理念、旧知识、旧理论未能把握社会发展趋势的陈腐结论。因此,对于新生代青年标签,尤其是负面标签解读,有助于打破"成人社会"根据过去规则建构起来的"经验主义",有助于打破旧观念、旧方法和旧结论,推动社会用发展的眼光对新现象进行正确的理解①。

再次,从发生主体来看,青年标签主要是新闻媒体和社会舆论构建起来的,未必获得青年主流意识形态的认同。但如果青年主体能用理性批判的眼光看待"标签现象",就会发现负面标签也具有一定的积极作用,它有助于使新生代的表现成为一种社会问题,推动社会资源关注、重视并予以解决——通过对新生代不符合社会期望或既定社会规范的行为,进行一种社会问题的建构,进而推动社会资源优先解决新生代可能出现的这些行为。更重要的是,要辩证地看到这些负面标签蕴含着推动历史进步的积极因子②。

---

① 中国青年报. 负面标签如影随形? 思考: 如何看待代际标签? [EB/OL]. 新华网, 2016-05-09.
② 邓希泉. 如何看待代际标签 [N]. 中国青年报, 2016-05-09 (2).

## 佛系青年：90后丧燃人生

《第一批90后已经出家了》，随着这篇网文的热传，"佛系青年"一词被彻底带火了。"佛系"所蕴含的自嘲、反讽、吐槽等意味，也给了各路段子手搞"拼接"的机会。一时间，各种"佛系+"纷纷刷屏，"葛优躺"、《感觉身体被掏空》《Pepe the frog》等"丧文化"的走红引发了社会的广泛关注。不难看出，"丧文化"如一面镜子，映射着亚文化在新媒体环境下发生的蝶变。

"佛系"一词最早源于日本。日本的"佛系男子"，把自己的兴趣爱好永远放在第一位，所有事情都想按照自己喜欢的方式和节奏去做①。国内自媒体把这个词引进来，讲的是一种怎样都行、不大走心、看淡一切的活法。口头禅是：都行，可以，没关系，该词一出在网络上引起很多95后大学生共鸣，他们纷纷自称为佛系青年，一时间"佛系"成为高校大学生群体中的流行热点。诸如"佛系朋友圈""佛系恋爱""佛系考研""佛系应试""佛系购物"等，各式各样的"佛系青年"亚文化迅速发酵，并引起人们的广泛关注和思考②。

### 一、表征：消极无奈的自我降格

什么是"佛系"？举两个简单的例子，大家感受一下。比如，"佛系员工"，被描绘成"交代下来的任务从不推辞，但是也绝对不会给自己揽工作；工作质量永远保证合格，但从来不会有惊喜"。再比如，

---

① 刘朝霞，王瑜. 新媒体视域下青年网络"丧文化"传播研究——以流行词"佛系"为例 [J]. 中国青年社会科学，2019 (3)：101 – 110.
② 郑青青. 高校大学生佛系思想的成因及对策 [J]. 长春教育学院学报，2019 (4)：37 – 39.

"佛系恋爱",是"不温不火,不会夺命追魂 call,主要相处方式就是一周一两次见面"。此"佛系"当然跟大乘佛教所言"众生皆有佛性"不同,更多是网友的"夫子自道"而已。"佛系"一方面,可以是温和谦让、不钻营不吹捧的随性、豁达;另一方面,也可能是面对竞争、压力时候的怠惰、消极。好与不好,存乎一心。"佛系"之说,在无奈之外,更多了一些"不焦躁、不执着、不强求"的态度,也未尝没有"不愿给人添麻烦"的心情。

## 二、成因:青年为何"集体出家"

### (一)经济发展下的避世心态

90 后、95 后出生的青年,是见证中国改革开放的新生代。青年天性是热烈的、向上的,对生活充满热忱、对世界充满好奇。但"佛系"一词却让很多青年"心有戚戚焉"。有拼搏奋斗的热情,有追求成功的渴望,也有诗和远方的平静。所以,"佛系"一说,承载了一种对生活中快与慢、进与退的思考,乃至追求。改革开放四十年来,中国社会经历了翻天覆地的变化,当代青年群体没有经历过挨饿受冻、物质资源极度匮乏的年代,而且他们之中大多数又都是独生子女,从小在父母的呵护下长大,享受着上一代奋斗成果的他们在各方面都有相对自由的选择权。这种宽松的物质条件给其佛系思想打下了基础。

### (二)圈层壁垒下的行为传染

网络在大大拉近了人与人的距离的同时,也给有着相同兴趣爱好的人提供了聚集在一起的广阔平台,在大学生群体中形成一个个圈群,比如饭圈、二次元圈、电竞圈……几乎每个大学生都能在网络上找到属于自己的圈群,网络圈群代表着当代大学生在网络上的群体生活方式,同时也表现为大学生群体的社会文化。圈群里的个体为了寻求自我群体认同感,会热衷于自我标签化并盲目吹捧本圈群所代表的文化,网络上大部分的流行词都会经历从圈内感染到圈外传播的过程,"佛系"一词也是如此。

（三）成长矛盾期的青春叹老

大学生处在生长发育的第二个高峰期和成长成才的过渡期,使得他们的许多心理行为具有两面性和矛盾性。一边自称宝宝一边泡脚养生；爱唱反调又会跟风模仿；追求特立独行又热衷于给自己贴标签。而"佛系青年"这一词正好符合处在行为幼化和心态老化这一矛盾时期的大学生的心理特征,行为幼化表现在每当一个网络标签兴起,他们纷纷表示共鸣、跟风刷屏。心态老化则是表现在未老先衰,提前步入青年危机。所以在某种程度上"佛系青年"这种遁世和逃避的态度,是对成长期价值矛盾性的表现。

（四）社会重压下的消极抵抗

在这个焦虑过度的社会,社会竞争日益激烈,生活节奏不断加快,阶层固化、贫富差距等问题越来越突出,这些都让大学生开始怀疑勤奋、努力、拼搏就能成功的价值观。业绩只能"更快更好",成绩总要"再创新高",房价高、物价贵、好工作也难找,经常要使出浑身解数,往往要委曲求全,神经总是紧绷、压力总是"山大"……在这种环境下长大的大学生,生活在随时会被时代抛弃的恐慌之中,佛系一词既给了那些安于现状的大学生心安理得的借口,也给了一些努力了却没得到回报的大学生宽慰自己的理由。所以"怎样都行"隐喻的是"怎样都不行","不大走心"即"走心也没用","看淡一切的活法"实质是"得不到自己想要的活法"。总之,大学生佛系现象背后是这个群体对残酷现实的逃避和对社会压力的消极抵抗。

## 三、影响:"佛系青年"产生的影响

### (一)对高压生活的积极调试

尽管青年的"佛系"心理与社会提倡的积极向上的价值观相违背,但我们也应看到这一文化现象背后适应性的一面。"佛系"一词跟"屌丝""肥宅""单身狗"等自嘲自黑流行词一样,是高压生活下对自己的保护和对社会的温和反抗。自称"佛系"背后其实是自我矮化、贬低的适应性自嘲,以期待在高压社会更好地释放压力,给自己找到一个宣泄情绪的出口。

### (二)对功利主义的缓解消解

市场经济之下,青年群体受到急功近利等不良社会风气影响,形成了"精致利己"等错误价值观。而"佛系"提倡不争不抢、兴趣第一的价值观有利于消解社会上的功利主义的影响,会让青年的行为回归到以兴趣为导向而不是以利益为动机的来源。另外处在转型时期的中国社会各种矛盾日益激烈,特别是在网络上矛盾极易激化,脑残粉、键盘侠、杠精……一言不合就对骂,所以这种不动怒、不吵架,看淡纷争,一切随缘的佛系心态能有效缓解社会冲突。

### (三)对社会发展的欲望走低

"低欲望社会"一词出自日本的管理学家大前研一的《低欲望社会》一书,也被称为胸无大志的社会,主要是指日本青年没有欲望、没有梦想、没有干劲的现象,当不婚、不育、不买房、不买车、少消费成了当代日本青年人的共识时,很多人将"低欲望社会"现象视为将来日本社会最大的危机[1]。虽然中国的情况与日本不同,但也有其相似之处,所以我们也该警惕这种趋势。一方面,低欲望会阻碍个人的发

---

[1] 杨栋. 日本陷入"低欲望"社会[J]. 金融博览, 2018 (10): 79-81.

展：得过且过会消磨人的意志；安于现状会阻挡人们前进的脚步；躲避世事、逃避责任就会陷入个人主义。另一方面，低欲望不利于社会的可持续发展，会引发人口老龄化等系列社会问题。

（四）对理想信念的自我迷失

大学相对于高中有着相对自由宽松的环境，这种"不思进取"的价值虚无主义严重消解着现代社会倡导的主流价值观。不管是"佛系青年""隐形贫困人口"还是"积极废人"，网络上只要有新词热词一出就有无数人争先恐后地对号入座，这是青年在自媒体时代下进行自我角色塑造的表现。美国心理学家贝科尔认为："人们一旦被贴上某种标签，就会成为标签所标定的人。"在心理学上称之为"标签效应"，所以青年一旦给自己贴上"佛系"标签，就会无意识地被这一标签绑架，用"佛系"来解释自己的一切想法和行为，模仿网络上其他"佛系青年"的做法，失去了自身的独特性和积极进取的动力。

**四、塑造：从"佛系青年"到"奋斗青年"**

在"佛系"之前，还有个青年喜欢用的词——"丧"。"丧"已经是消极了，更消极的是，连"丧"都懒得"丧"。或许，不管想要怎样、能够怎样，青年终究还是要"嗨起来"。毕竟，消极不是放纵，沉稳不是慵懒，有所节制不是无欲无求，"不以物喜，不以己悲"并非无喜无悲。不"尽人事"，怎能徒"听天命"。面对"佛系青年"的标签，思政工作者要看到"佛系"心中那不屈不挠的"斗战胜佛"，引导和培养青年群体树立积极健康的心理和正确的自我认同，增强青年自身发展的效能感和身份认同感。

（一）从中华优秀传统文化中汲取精神力量

夸父逐日、大禹治水、愚公移山等传说，"天行健，君子以自强不息""人生在勤，不索何获""贫贱忧戚，庸玉汝于成也"等名家名言，无不彰显着中华传统文化中自强不息的奋斗精神。习近平总书记曾鼓励青年"奋斗是青春最亮丽的底色"。继承红船精神、长征精神、"两弹一星"精神、塞罕坝精神等独特的奋斗精神气质，如鲁迅先生所言"努力成为中国的脊梁，去做埋头苦干的人、拼命硬干的人、为民请命的人、舍身求法的人……"用这些鲜活、耳熟能详的故事，帮助"佛系青年"从精神上克服"习得性无助"，以一往无前的青年姿态，以敢为人先的锐气，攻坚克难，接续奋斗。

（二）从中国特色社会主义发展战略中明确奋斗目标

党的十九大报告做出了"中国特色社会主义进入新时代"的重大判断，对全面建成社会主义现代化强国做出了"两步走""两个十五年"的战略安排。从2020年到2050年，这30年是我国发展的关键30年，是"佛系青年"从青年到中年、从中年到老年的30年，更是他们人生中最有作为的30年。"大河有水小河满，大河无水小河干"，作为新时代的"90后"，"佛系青年"要想跟上时代前进步伐，要想有所作为，就必须承担起国家的前途、民族的命运、人民的幸福等重任，投身中国特色社会主义建设的新征程。因此，"佛系青年"应将个人事业和国家事业相结合，将个人利益与人民利益、国家利益相结合，将个人兴趣和社会发展需要相结合，在此基础上明确个人的奋斗目标，实现个人发展与国家发展紧密联系在一起。曾当选中国"最美大学生村官"、绰号"耶鲁哥"的湖南省衡山县白云村大学生村官秦玥飞，在面对为什么大学毕业后选择回到祖国农村服务的问题，他的回答是"我希望我能够更了解我的祖国，并和她一起成长"。如此，"佛系青年"才能以"与人民同呼吸、与民族共命运"的情怀，以"先天下之忧而忧、后天下之乐而乐"的责任感，克服个人主义的狭隘，发挥自己的最大潜能，扩展更广阔的空间，最大程度地实现自我价值，真正实现全面而自由的发展。

### (三) 从知行合一的实践中重塑奋斗精神

习近平总书记指出:"知是基础、是前提,行是重点、是关键,必须以知促行、以行促知,做到知行合一。"首先,"佛系青年"应正确认识"知"与"行"的关系。"佛系青年"需结合新时代发展,对奋斗精神的"知"与"行"进行深入的思考。只有深刻了解并高度认可奋斗精神的内涵、现实意义,才能明确如何在实践中持之以恒地践行奋斗精神。其次,"佛系青年"应在实践中实现"知"与"行"的统一。新时代是奋斗者的时代,赋予人们更多人生出彩的机会,但机遇与挑战并存,"佛系青年"需实事求是地分析学习、工作、生活中遇到的各种问题,充分发挥主观能动性,着眼于解决问题,在奋斗中创造价值和收获幸福。经历"实践、认识、再实践、再认识"的反复循环,由感性认识升华为理性认识,"佛系青年"就能将奋斗精神内化于心、外化于行,实现奋斗精神的知行合一①。

### (四) 从理想信念的追求中明确价值追求

理想信念是一个民族精神上的"钙",也是当今社会养成良好风尚的保证。有了理想信念,才能凝聚人心,才能让整个民族有着源源不断的奋斗意志,才能在社会上形成昂扬向上的精神面貌。当今"佛系"思想的泛滥归根结底是青年人理想信念的动摇,才会被各种亚文化和外来思潮有机可乘。正如毛泽东所说:"文化思想阵地我们不去占领敌人就会占领。"所以面对网络发展新形势,面对日益严重的网上文化渗透、价值输入和意识形态颠覆,对当代青年理想信念教育也要与时俱进,不仅要牢固占领思想政治理论课堂主阵地,也要抢占网络舆论新阵地。创造更多以传播正能量、弘扬主旋律为主题并受青年群体喜爱的网

---

① 张敏,YANG F. 佛系标签下的"90 后"青年价值观多维透析与塑造[J]. 当代青年研究,2018 (6): 12-16.

络作品，营造风清气正的网络环境。

## 积极废人：青年立 flag 的廉价梦想展销会

近日，微信公众号网文《那么爱立 flag，你一定是积极废人吧》登上热搜榜，被青年群体制作成表情包，在社交媒体上被大量转载。"积极废人"，指的是那些热衷于给自己立 flag（意指在社交媒体上公开自己的目标），但永远无法达成目标的青年。这类青年心态积极向上，行动却心有余而力不足，甚至言而无信，往往会在短暂的享乐后感到长久的恐慌，并时常为自己的懒惰自责。一言以蔽之：间歇性踌躇满志，持续性混吃等死。归根结底，"积极废人"是一种青年自嘲，表达出一种可预测却无法避免的负能量心态。

### 一、表征：理想这件事，心诚则灵

"积极废人"常见于社交媒体，并演化成一种"积极废人式 XX"的生存方式，涵盖了减肥、学习、做菜、理财和健身等方方面面。总体而言，"积极废人"立 flag 的目标并非自我提升，而是通过精选拍照修图、精心编辑文字、精确掐准时间，定期在社交媒体上"打卡"，把"努力"的状态发布于朋友圈，获得好友点赞和称颂。其特征如下。

（一）积极制定目标

学习、工作和生活等日常琐事都被列入目标清单，"晒目标"活动日常化，保持 flag "年年立，日日新"。

（二）目标遥不可及

盲目制定超过自己能力临界点的目标，而抗压能力却无法匹配，最后流于空想，无从下手，执行力极低。

## （三）缺乏自律精神

常年向娱乐、消遣妥协，一旦无法完成目标，便顿感后悔和自责，但过后依然我行我素，无人监督便自甘堕落。

## （四）盲从效应显著

在"flag年年立，年年倒"的消极环境下，青年养成了暴躁、拖沓的恶习，对失败不再拥有强烈的罪恶感，反而更加慵懒散漫，也削弱了青年对"言而无信"的羞耻感认知。

## 二、成因：思想的巨人，行动的矮子

### （一）无力感的集体宣泄

快节奏之下，青年对生活充满"无力感"，现实压力使之倍感力不从心，由此产生了焦虑情绪。"积极废人"作为一种自嘲式的身份标签，能够起到心理减压、宣泄情感的作用，并溶解了不同年龄、职业、知识层次的青年间天然的文化隔阂，由此形成了集体认同，成为网络交流中的"润滑剂"。

### （二）防御式的自我嘲讽

当青年在理想和现实中存在落差时，为了避免他人的嘲笑，反而率先对自身展开"攻击"，进行自我揭短、自我佯攻、自我否定，以此掩饰悲伤、失望、孤独、后悔等负性情绪，看似维护自尊实则避实就虚。这种自嘲是畏难心理的表现，也是一种如同"我都承认自己是一个废人了，你还能拿我怎样"的自我保护。

### （三）归属感的圈层依附

网络社会的自媒体语言即为青年的社交货币表现合群以增强归属感。青年大多数对生活充满热情，渴望在朋友圈塑造并且强化自己的形象。"积极废人"作为时下热门的网络流行语，也是最广为传播的身份标签，能够为青年提供社交话题和谈资，也会让人形成一种"这个人真潮"的印象，在无形中提升隐形地位。此外，寻找存在感与关注度。媒体长期高喊"正能量"，社交媒体上的各类心灵鸡汤让青年的厌倦感油然而生，也催生了"心灵砒霜"横空出世。同样，"积极废人"也是"毒鸡汤"的变种。毫无疑问，进行人格的自我矮化，并以戏谑的语言将自己定义为"废人"，似乎更能夺人眼球，也会让其他青年产生一种"原来我们是同类"的亲近感，将在短期内增加自身的关注度，刷新存在感。

（四）高效率的形象塑造

"立 flag"是一项最为廉价的印象管理方式，无需拍照修图、无需花费金钱、无需投入时间，只需要通过展示目标就能让人印象深刻。为了增强可信度，青年们常借"求监督"的名义邀请所有人共同围观并见证目标达成。而且，目标越费时费力、难以完成，就越能显示自己是个有理想、有抱负的上进青年。

（五）低成本的成就快感

"立 flag"通过展示新鲜目标，甚至刻意在社交媒体上展示出一种"如愿以偿"的假象，并将内心中自带私密属性的梦想供人观赏，能够给青年带来情绪快感。哪怕最后愿望落空或目标烂尾，立誓者也有一套说辞，心安理得找借口搪塞。

### 三、塑造：变"积极废人"为"实干新人"

（一）学校教育应注重培养青年学生自律

"积极废人"干工作"三分钟热度"，做事情"三天打鱼两天晒网"，立下的目标不能靠持之以恒的行动去完成，归根结底就在于这部分青年自律意识的缺失，行动懒惰，自身的主观能动性和自控力较差，没有一个强大的心理和积极健康的心态，成为情绪、欲望和感情的奴隶。所以青年中"积极废人"心态的调整和自我改变，更要依靠学校教育体系和教育资源加以引导。这就要求高校要通过意识培养、氛围营造、实践活动、机制建设等途径培养青年自律能力，让青年自觉、及时、有效地克服松懈、懒散等不良习惯，以热情和韧性，把精神层面的积极态度转变为实实在在的行动表达，实现自我约束、自我教育、自我控制和自我管理①。

（二）媒体宣传应着重树立正面励志典型

"积极废人"之所以暮气沉沉，与可供效仿学习的励志榜样缺少密切相关。媒体应挖掘典型人物的正面事例，通过把握"五个度"发挥榜样引路的作用。一是重视传播速度，即争做第一时间的发布式传播，用好互联网的病毒式传播路径形成合力。二是控制传播密度，即保持适度发声频率，既不丧失主流舆论阵地，又不盲目跟风，滥用标签造成审美疲劳。三是把握传播角度，即用平视角度具体分析典型人物，坚持用平和的心态去面对典型人物，把握好读者心理，塑造出一个典型性、真实性、个性化统一的正面人物。四是挖掘传播深度，用真实的笔触和朴实的文风刻画人物的深度，善于用青年读者乐于接受的方式阐述观点，做到接地气，有人情味。五是讲究传播高度，即以小见大、由浅入深，以出生草根的平凡人物为主，挖掘来自平凡岗位上的善行义举，以此形成良好的说服力和强大的感染力。

（三）政府统筹应加强对青年群体的服务引领

"积极废人"之所以感到心有余而力不足，主要是因为缺乏成长成才的资源。政府应紧密围绕青年就业创业、公益服务、专业咨询、法律援助和文体活动举办专题活动，打造创新创业的加油站、爱心公益的大

---

① 谢东俊. 当代大学生"积极废人"的生成机理与引导路径[J]. 齐齐哈尔大学学报（哲学社会科学版），2019（11）：163－166.

平台、读书交友的便利店和减压维权的快车道,切实解决联系、服务青年"最后一公里"问题。

## 油腻青年:青年群体"未老先衰"的精神状态

2018年5月,中国网络电视台调查针对"青年是否暮气沉沉"问题的调研也显示,超过八成受访者对该观点表示认同。84%的人认为这是"社会病",33%的人认为与"拼爹"、拼背景有关,32%的人认为物质压力催生疲惫感,17%的人认为当今社会选择多、诱惑多、顾虑多,消磨了青年锐气。上述这种心态上未老先衰、语言上少年老成、行为上装老扮熟的青年群体,被媒体冠以"油腻青年"的称号。"油腻青年"奋斗的激情迅速退却,对生活失去热爱,对未来缺乏期待,反而油腔滑调、世故圆滑、不修边幅且邋遢不堪,没有真正的才学和能力又热衷吹嘘等特质,让人感到暮气沉沉。"油腻青年"最显著的特征即为"装"——装成熟、装世故、装见过天地、装看淡一切,表现出一种和涉世未深的年龄极为不匹配的"心理断层"。

### 一、表征:"未老先衰"的青年

(一)行为幼化又过早圆滑

活跃的文艺市场中,御宅一族的粉丝群体、同人小说(依据原作品角色、情节和背景等进行二次改编的小说)、治愈系文学、小清新电影、卖萌装疯网络综艺等均成为消费热点,表现出"低幼化生产"和"嬉戏式消费"的特征[1]。受此影响,青年习惯性称自己为"本宝宝",

---

[1] 徐婉晴. 消费社会背景下"萌"现象分析 [D]. 重庆:重庆大学,2015.

使用"么么哒"等网络话语,并借助美颜P图软件极力卖萌,宛如一群年近而立之年的"巨婴"。但是,其在社交场合中却化身为"老油条"和"自来熟",熟知各种社交话术,劝酒词、行酒令、拍马屁等套话张口即来,表现得八面玲珑,过早学会了油嘴滑舌和市侩哲学。

### (二)拒绝学习又渴望速成

在被灌吞了过多成功学和心灵鸡汤后,油腻青年过早放弃了学习,对不了解的知识领域统统斥之为"什么乱七八糟的",并盲目听信"读书无用论",认为能靠时机和运气一夜暴富,不愿独立思考,而是啃食着公知和大V嚼碎后吐出的"二手精神食粮"。但是,随着知识付费浪潮的兴起,油腻青年又热衷于报名参加"速成班",各类打着"一小时学会某某""7天成为某某达人""如何在三个月内做到某某"等课程最受欢迎。这种以速成为噱头,以名利为药效的成功学,让急于走捷径的青年投机成瘾,过于急功近利。

### (三)爱唱反调又跟风模仿

热衷抬杠是油腻青年的典型表现,不管别人说什么都先反驳,无论话题多严肃也要争输赢,以挑剔别人来显露自以为是的优越感。不识相、不懂气氛、不合时宜的抬杠,为的是站在道德高地上大泼冷水,以此证明自身经验丰富、看法正确,表现出"众人皆醉我独醒"的高调姿态。但是,标新立异的背后也呈现出盲目跟风的潮流。油腻青年喜欢在微博、微信上打卡、签到,把自己包装为运动健将、好学学霸、旅游达人等虚假人设,动辄发表"谢天谢地谢空气"的言论和故作高深的顿悟,实则只是廉价的自我感动。

### (四)攀比成风又焦虑过度

攀比能够让油腻青年找到自身存在感。通常情况下,油腻青年虚荣而嫉妒,追求"别人有的我要有,别人没有的我也要有",通过互相比较、倾轧和暗讽,咒骂与之同龄的成功人士,甚至带有强烈的憎恨情感。但是,攀比的根源是自卑心作祟,通过把自己包装成"过来人",以高高在上的口吻"训诫"身边人,似乎可以提高自信心,弥补因资历尚浅造成的自卑感。遗憾的是,归根结底,油腻青年仍感到极端焦虑,害怕别人对自己不认可、不承认、不顺从,只好虚张声势。

(五)拖延懒癌又丧无可丧

油腻青年拖延症严重,习惯在逃避心理的驱使下谎称"等等再做""放松一下"不断延期。待到截止日期,则随意敷衍糊弄,或直接轻言放弃。同时,"丧文化"借助社交媒体的病毒式传播,已成为青年群体的情绪出口。具体而言,拒绝工作、情绪低迷、欲望低下、热情退场的集体心态,也让油腻青年失去目标和希望。

## 二、成因:青年为何头未秃心已老?

(一)精神间歇性瘫痪

巨大的社会压力和繁重的心理负担之下,青年渴望在社交中通过自我表现获得承认,以此塑造高人一等的自我形象和身份。此时,"装成熟"就是一种简单且快捷的方式,通过把自己伪装成圆滑、小众、知识丰富的样子,往往会完善印象管理,强化"首因效应",并在"沧桑感"中杂糅进"高逼格",以此彰显自身的风范、品位和认知水平。

(二)群体无意识感染

心理学家勒庞(Gustave le Ban)在著作《乌合之众》中指出,民众缺乏理性,因此将会通过模仿他人行为产生盲从现象。在自媒体、营销号的虚假造势之下,跟风带节奏的媒体人将"油腻"包装为现象级的网络热词,渲染了一种消极悲观的网络舆论氛围。在这种舆论导向下,心智尚未成熟的青年肤浅地认为"装成熟"已成大势所趋,亦是时下流行的价值导向,于是未经仔细斟酌便跟风模仿,让"油腻"成为自嘲的高频词。

### （三）现实全方位挤压

社会上升通道缩窄，财富分配不均现象加剧，都让青年怀疑勤奋价值。在其看来，努力未必能过上好日子，勤勉也不必然创造财富，反而通过"拼爹"更能寻求成功捷径。因此，"油腻感"既是他们排遣苦闷焦灼压力的自我调侃，也是通过标新立异来宣泄不满的温柔抗议，更是在现实重压下的无奈妥协——既然难以通过家庭背景融入上流社会，那只能通过伪装成见过世面的样子缩小差距，获得虚无缥缈的"优越感"。

### 三、塑造：从油腻青年到清新青年

一是推举青年典型，发挥榜样引路的示范效用。要在高校及社会范围内选树、宣传、表彰一批在学风引领、创新创业、社会实践、自强不息、志愿公益、学生工作、网络先锋、艺术体育、理论学习等方面取得优异成绩的模范青年。如可开展优秀青年巡回报告会，推动典型事迹进微博、微信、知乎、抖音等社交媒体。邀请优秀青年作为青春正能量宣讲团成员进行朋辈引领。

二是鼓励青年找准价值坐标，投身创业就业。青年之所以暮气沉沉，原因在于缺乏干事业的恒心和动力。可多措并举激发青年创新创业创造的内生动力，并在场地、交通、住房、补贴等方面为有意愿的青年创业者提供政策倾斜。举办创业沙龙、创业训练营、创业大赛等活动，挖掘优秀的创业项目及团队，为青年把准价值航向。

三是针对"未老先衰"的不良心态加强心理干预。青年热衷于扮老成、装深沉，表现出与年龄不符的世故圆滑，皆与内心焦虑息息相关。高校邀请心理咨询教师、职场人力资源主管等嘉宾，舒缓焦虑情绪。同时，通过校园文体活动帮助青年培育积极向上的阳光心态。

## 好胜青年:"单通道社会"中青年的焦虑

2018年,一篇网文《当代年轻人的好胜心都用在了什么奇怪的地方?》引发热议,"好胜青年"作为一个流行词登上了社交媒体的舞台。"好胜青年"是指那些工作学习上可能很佛系,但是在微信运动、朋友圈打卡等线上 battle 中好胜心异常旺盛的青年。这类青年,以朋友的点赞为第一生产力,"考试排名无所谓微信运动一定要拿第一"。每晚接近十点的时候,也就是微信运动一天的数据即将新鲜出炉之前,就是微信运动好胜青年战斗力最喷薄的时刻。要是当日微信步数到达9998步,就是上床了也要摇到10000步才罢休,甚至为了登顶封面不择手段。"优秀学生榜可以不进,蚂蚁森林能量榜力争前三""四六级可以不过,学英语打卡不能断"。不知从什么时候起,朋友圈突然掀起一股打卡热潮①。刚开始英语阅读打卡还是学霸人设专用,但现在好像没有在网上学点英语,都不好意思说自己是上进青年。

### 一、表征:"佛系青年"的"入世行为"

#### (一)"顿悟"后的积极

"好胜青年"主要活动空间是各种社交媒体软件,他们通常在各种社交媒体上为自己营造一个良好的形象,但是在现实生活中可能会有对所有的事情表现出漠不关心,无所谓的心态。"好胜青年"更像是青年在受到主流媒体召唤,青年入世的一种行为,但是这样的入世情怀仅仅局限于表面或者说是网络社交媒体,没有触及灵魂深处。

---

① 城市画报. 当代年轻人的好胜心都用在了什么奇怪的地方?[EB/OL]. 搜狐网, 2018-10-15.

## （二）"打卡"刷出存在感

对于"好胜青年"来说，社交媒体，特别是朋友圈的"打卡"行为是其主要的活动形式。在平时的日常生活中，不论游玩、聚会、学习、游戏等活动均要在朋友圈"打卡"分享，绝不会放过任何一个可以分享的机会。打卡文化盛行的背后，实则隐藏着青年人自律能力退化的问题，他们需要借助各种外界的辅助提醒自身该做什么事。

## （三）畸形的伪成功学

在这个"单通道社会"下，"好胜青年"有自己一套所谓的成功学，对于他们而言，英语四六级可以不用过，但每日英语学习必须"打卡"分享；知识可以不理解，但微信读书时长必须达标；现实中的朋友可以绝交，但微博粉丝不能掉；考试排名无所谓，但微信运动必须排名第一……在现实的学习工作中他们表现好与不好并不重要，是否真的有所得也不重要，重要的是在虚拟媒介中，活成了别人羡慕或者觉得优秀的模样。诸如分享动态好友点赞数、微信运动排行、阅读时长等。

## 二、成因：畸形的上进心缘何而来？

### （一）自我形象的管理

随着互联网的高速发展，社交媒体上的形象管理成为青年注重的"人设"建设的重要方面。越来越多的青年，在线上线下"双面人"，线上成为形象管理的"主战场"，利用互联网技术让自己成为活在虚拟世界的"完美的人"，对于线下"佛系""丧"的形象不以为意。

### （二）虚荣心理的作祟

青年的道德观还处于他律阶段，在做出了一定的光荣之事之后，青年人就会期望得到一定的表彰和奖励，以提高内心的满足感和荣誉感，但是这种期望超出了实际，且一旦没有得到满足就会产生类似于"吃亏"的心理。

（三）社会性标签泛化

通常来说，人们讨厌被贴标签，但喜欢给自己贴标签——或者不知不觉就这样做了。从"道系青年"到"佛系青年"再到"好胜青年"，90后青年被不断地贴上标签，这样标签的迭代本质上与青年的实际生活状态、情感状态没有过多的直接联系，只不过是面具或者是自我防御的机制。

（四）"及时行乐"的伪成功

人们往往在付出时是渴望有回报的，大多数青年热衷于在网络世界"争强好胜"，内在原因是游戏的正反馈比学习知识的感觉更强，输赢在短时间内可以得出结果，战绩和排位这些对青年来说就是"及时行乐"的成功体验，比起"苦中作乐"的学习体验来说，青年更喜欢这样付出少、回报快的"伪成功"。

（五）"单通道社会"的焦虑

改革开放四十年来，人民的物质文化需求和精神文化需求得到满足，社会环境越来越稳定，人民幸福感不断提升。但是，市场经济带来的"拜金主义"，也让成功的标准越来越物质化，因而青年渴望"一夜成名""一夜暴富"式的快速成功。

### 三、塑造：从"好胜青年"到"好学青年"

（一）高校开设与抗挫折训练相关课程

当代青年生活在一个物质资料丰富、生活环境稳定的时期，在成长的过程中他们极少遭遇挫折，容易在受挫时瞬间从自信走向自卑、对自我产生怀疑，为挽回颜面、找回自尊就用一些奇怪的方式"刷存在感"或者搞"伪成功"。高校通过课程的开设，培养和加强青年的抗挫折的能力。另外，还需要重视青年的心理建设及教育问题，重视高校心理学院的建设，建立健全本硕博一体化的心理人才培养体系。

（二）教育者注重培养和引导青年树立正确的好胜心理

好胜心理，既有积极进取的好胜心理，也有消极固执的好胜心理。只要进行正确的引导，积极进取的好胜心理就会更加积极向上，获得不断进步，消极固执的好胜心理也会转换为积极进取的好胜心理，从而使青年得到进步。在日常生活中，高校思想政治教育工作者应利用实际案例，对青年好胜心理异化进行疏导，树立正面典型，强化正确的好胜心理的价值导向。

（三）教育相关部门要研发青年网络素养指导手册

指导青年在信息网络环境下，更好地提升青少年的自身素质和能力，实现"赋权"+"赋能"的有机结合。同时，结合大数据分析，对于不同学生设置不同的网络素养培育内容。例如，男女生在网络社交媒体中，出现的问题是不同的，所以可以为男女生定制不同的网络素养培育方式。

## 以杠为乐：互联网"杠精"生存法则

2018年4月，有网友用一幅漫画调侃"杠精"：一女生向"杠精"表白，并要求去见他的母亲。"杠精"说：唯独这件事不可以，因为"杠精"不配拥有母亲。"杠精"一词迅速走红。杠精，指不分青红皂白抬杠成瘾、以各种方式反驳他人观点来表达自己的群体。中国青年网将其定义为"抬杠+戏精"。这种人往往并不真正关心事实的观点，不问真相，不求是非，不管别人说的是什么，总先反驳挑刺，为反对而反对，为争论而争论，以此来吸引眼球和关注，凸显自己的优越感。有时会加上"只有我一个人觉得……""你们都……"等句式的加持,基本上能成功引发人们的负面情绪,引起别人的攻击。"杠精"一词带有鲜明的贬义色彩,其流行也是人们对这种行为的反感所致。

2018年12月3日,词语"杠精"被《咬文嚼字》公布为2018十大流行语。12月19日,在国家语言资源监测与研究中心发布的"2018年度十大网络用语"中,"杠精"位列第二。

## 一、表征:网络社会的对抗型人格

心理学界有"五大人格"的说法,大意是说有五种特质可以涵盖绝大部分性格特征,即开放性(Openness)、责任心(Conscientiousness)、外向性(Extraversion)、宜人性(Agreeableness)和神经质(Neuroticism)。每一种特质都是一个谱系,在人群当中呈钟形正态分布,大部分人处于中间位置,走极端的人属于少数。举例来说,宜人性这一特质的两极分别是"随和"与"对抗",前者通常表现为待人接物有礼貌,公开场合注意自己的行为举止,以及富有同情心等性格特征。后者则正相反,喜欢和别人作对,侵略性强,共情能力差,经常把人得罪了却不自知,杠精就属于这一类①。

### (一)习惯反驳,阴阳怪气

在大多数"杠精"看来,沟通即为抬杠,不是为了达成共识、解决问题,而是为了说服对方、分出胜负。非理性的情绪宣泄与耻他化的暴力表达是他们的特点②。从"不管你说什么,我一定要反对你"到"我赢了"的过程中获得优越感。

---

① 袁越. 被杠精改变的世界[J]. 三联生活周刊, 2018(47).
② 唐甜. 网络喷子对网络空间环境的影响研究[J]. 传播力研究, 2018, 2(28): 238-239.

（二）断章取义，偷换概念

总是吹毛求疵的抓住无关紧要的细节，故意把他人表达的观点极端化或扩大化，模糊对方概念并人为构造元素间的虚假联系，为自己的谬言无知做辩护；以个案判断整体，以特殊情况反驳普通情形；将对方言论极端化，造成谬误，进而发起攻击。待对方感到被冒犯，进行反击时，又常作出无辜模样"我只是友善讨论而已，何必如此呢，你反应过度了"。

（三）偏离重点，非建设性

"杠精"通常避重就轻，忽略原本谈话的重点，强行插入自己观点。很多时候并没有建设性发言，只是单纯反驳，留下三观排斥、情绪排斥或行为排斥的言论后，就溜之大吉。

## 二、互联网"杠精"产生的原因

（一）网络边界特性

互联网大数据下，网络社区发展迅速，然而网络环境建设却未能追上其发展脚步。除依靠法律限定外，网络道德建设也是构建清朗网络空间的重要方面，网民言行一定程度上需要道德观念的束缚。然而，道德建设的不平衡、不全面甚至双标发展的混乱状态，给负能量以可乘之机，"杠精"得以肆意对他人言论进行反驳批判，将对抗性的表达扭曲成不追求相互沟通，而一定要分出言语上胜负的"抬杠"行为。

（二）公众话语权下放

非中心化的平面网络结构扩大了公共话题空间，各色社交软件的发展为公众交流、分享网络信息提供了便利的平台，自媒体的发展让公众掌握更多的话语权，公共网络空间成为人们进行自我表达的绝佳场所。然而，自由意见表达本就容易因各自的观点不和出现分歧，加上网民的信息素养和媒介素养参差不齐，网络群体骂战一触即发，部分网民利用言语攻击他人，甚至用非黑即白的思想恶意中伤他人，"杠精"群体随之出现。

（三）网络信息匿名性

在信息不透明的环境中，一个个ID掩饰其身份属性，网络言论不会被社会关系成员所了解，更便于人们强化有意识流露的信息，同时弱化无意识流露的信息，易于塑造一个与现实不同的网络形象。另一方面，网络信息的匿名性也促使网络行为显示出原始性和随意性，杠精可以不注重信息内容，完全凭借本能去反驳，甚至不用思考逻辑和言语的正确性，为"杠"而"杠"，肆无忌惮地通过文字发泄，得到心理上的快感。

（四）情感宣泄的需求

网络的黑箱特性，一定程度上承载了人们负面情绪的宣泄。在虚拟的网络空间，网民不用小心翼翼维护现实中的形象，下意识地放松自我，宣泄情感，现实生活中无法表达的观点和无处安放的负面情绪都在网络中寻到了表达空间。一个人的负面情绪，可以引发一群人的负面攻击，双方都在通过对抗性表达的方式发泄自己①。

（五）自我意识过剩

在信息交流中，人们自由而平等的表达观点，对抗性表达则会打破这种交流模式。社会化不完整的人无法消解自身唯一的主体地位，常常会保持"主体性"视角来认知世界，并以追求"主导"和"统治"的形式维持这种主导性。他们坚信自己是正确的，根本没有把他人视为对等的存在，以一种主导和统治的心态想要"纠正"与自己相左的"错

---

① 项威.微博对抗性表达现象分析——以"杠精"为例［J］.传播力研究，2018，2（14）：109.

误"观点。所以杠精以"杠"为基本手段,目的也并不在于说服对方,而是享受这种单向表达的快感和优越感。

### 三、影响:互联网"杠精"的负面影响

(一)网络语言暴力的推动者

"杠精"的出现是网络亚文化发展的结果,他们看似有理有据地"诡辩",对其他网民进行"洗脑",不断暗示自身观点的正确性,但这一过程往往并无可证理论、科学依据,甚至可能会带有大量侮辱性、谩骂性语言,进而产生多个群体、圈层之间的骂战,最终导致网络对立性加剧,网络语言暴力伴随出现,在不断耻化的网络中,可能会出现人肉搜索、由虚拟到现实等连锁反应①。

(二)网民负面情绪的煽动者

"杠精"有时候表现出对同类的同情感、认同感的麻木,更关心自己的私欲是否得到满足,而不在乎给别人增加的道德压力,以"杠"为乐,宣泄个人情绪,从击溃被抨击的对象中获得成就感。而在虚拟网络空间,人们的理性化程度本就低于现实社会,当被抨击的对象面对"杠精"一味持对立意见盲目抬杠时,便容易产生心理压力,引发负面情绪,甚至造成心理创伤或走向极端。

(三)网络舆论空间的破坏者

网络环境的治理其中很大一部分是对网民言论的控制,谣言、极端化、情绪化网络言论在治理范围之内。网络道德层次的总体建设也受到每个网民道德层次影响。而杠精通常以抬杠为己任,进行小圈层之间的情绪宣泄和耻化他人之间的表达,言语不堪入目,甚至利用人肉搜索等

---

① 唐甜. 网络喷子对网络空间环境的影响研究 [J]. 传播力研究,2018,2(28):238-239.

极端手段将网络搞得乌烟瘴气，与构建风清气正的网络空间环境背道而驰。

### 四、塑造：从"以杠为乐"到清朗网络

**（一）辩证思考杠精现象，拒绝盲目定义**

不可否认，有些杠精可能会由于不服输精神"杠"出结果，监督社会事件得以解决，推进社会的公平发展。例如娱乐圈偷税漏税、天价合同事件。我们对"杠精"一词的思考并不能表明单纯批判的立场，需要呼吁真正意义上的思想言论自由。"杠"在一定程度上也是一种意见的表达，只是选择这种表达方式的人用错了方法，无法真正达到观点交流的目的。"杠精"现象可以排斥，但也要讲究适度。一味采取暴力贴标签的方式也是对抗性无效的表达，从本质上说与"杠精"并无二致，一样会造成负面的影响。

**（二）加强网络信息管理，完善把关机制**

网络的匿名性加剧了非理性言论的充分表达，使"杠精"们肆无忌惮地进行言语攻击。加强信息管理，通过实行网络实名制等方式，让网民处于相对透明的网络空间环境中，加强自我管理，约束自身的行为，减少语言暴力，净化空间环境。同时，从媒体到个人都应完善把关环节，做好攻击性言论的审核处理，在力所能及的范围内营造良好氛围，构建清朗的网络空间

**（三）提升网民的"同理心"，温和表达观点**

杠精在无所顾忌地发言时，毁掉的是网络表达自由的秩序，毁掉网络表达中的同理心，导致现在很多人，特别是媒体、公众人物发言时，生怕哪一句话说得不严谨，带有令人误会的歧义，引起杠精们的攻击。净化网络环境，迫切需要提升网民自身价值认同感，产生共情效应，让网络真正成为意见的"自由市场"而不是杠精发泄情绪的集散地。对

事物的理解，难以分辨绝对的对错，沟通的目的也不是为了分出输赢，而是为了解决问题，让双方能够基于良好的共识进行合作，只有不断地接受和吸收不同观点，才能达成正—反—合的螺旋上升。

# 第三章 主流 or 边缘——青年的文化生态

## 引言：高校青年学生群体中泛滥的八种"亚文化"

随着社会的迅猛发展，亚文化在高校中也日益盛行，得到了青年学生群体的广泛认同和接受，对塑造大学生健全人格产生一定的阻碍和影响。与"立德树人"的育人宗旨相对立，青年亚文化具有强烈的叛逆色彩。

### 一、丧文化

（一）定义

丧文化，即丧尸文化，指青年学生在生活中失去目标和希望，陷入颓废和绝望的泥沼而难以自拔。他们丧失心智，漫无目的，蹒跚而行，近乎"没有情感、没有意识、没有约束"，成为麻木生存下去的"行尸走肉"。[①]

---

[①] 王树振. 西方丧尸文化的前世今生 [J]. 世界文化, 2015 (7).

## （二）典型表现

大学生在宿舍中常以"葛优瘫"姿势进行休憩，或时常说出"我差不多是个废人了""实在是不想活了""好无聊啊，都不懂干什么"等颓废的口头禅。

## （三）文化内涵

在社交网络上，以自嘲、颓废、麻木的生活方式为特征的"丧文化"大行其道，以"葛优瘫""懒猫瘫"等表情包的方式快速传播，以戏谑的口吻表达出无力、无奈的心境。

此种"未老先颓"的心态，是转型社会期间多重问题叠加交织的深刻反映，让青年学生感到"再怎么努力也难有成效"的绝望——发展前景太过迷茫，前进的路太过曲折，因而受困于自身无能。① 于是，他们自我安慰，既然摔倒了，那就别爬起来了，干脆在这躺一躺。

## 二、宅文化

### （一）定义

宅文化，即御宅文化，指在相对私人的空间里专注自己追求的一种生活方式的文化。由于网络购物、在线视频、即时通信等互联网应用的兴起，青年学生偏向于在宿舍、家里或者寝室等相对较为封闭的空间内完成社交互动和生活起居，偏向于通过网络社交以替代实体人际交往，在某种程度上可视为现代化注重个人生活和个人价值的积极表现。

### （二）典型表现

基本不出门购物、社交和锻炼，吃饭全靠叫外卖、交流全靠互联网、购物全靠网购送货上门。

---

① 邓宏霞. 当代青年"丧文化"的内涵解析和策略引导［J］. 河北青年管理干部学院学报, 2018（3）.

### (三) 文化内涵

宅文化让人类作为群居动物长久以来形成的集体协作的生活方式被颠覆，必然造成一些社会病，如孤僻、抑郁、消沉、暴躁等，甚至带来社会伦理问题。

许多"宅一族"沉迷于动漫等亚文化之中，缺少与社会的互动和沟通交流，因而往往不擅长同他人在事业上合作、在生活上互助等，无法适应现实社会中的人际关系，存在自闭的倾向。这可能滋生出孤僻的性格，造成人际交往能力和语言表达能力的严重下降。

## 三、污文化

### (一) 定义

污文化，即污浊文化，指"污力滔滔"带有明显色情、挑逗意味的笑话和段子，常常通过一语双关或延伸联想等方式，对传统的故事进行加工，使之具备勾起听者性幻想的功能。污文化是民间化的色情与俚语俗语的混合物，通过微博、微信等社交媒体大肆传播，或通过大学聚会等场合博得会心一笑。

### (二) 典型表现

某网络综艺节目中艺人含蓄地讲黄段子，另一网络综艺节目中嘉宾隐晦的性暗示。

### (三) 文化内涵

污文化本质上是由黄段子和社交媒体共同构成的一种新兴文化形态。从特点上来看：其一，参与广泛，虽然男生为主力，但女生在被动或主动的开化中亦能收放自如，特别是看似"萌妹"（娇小可爱的女生形象）一旦开始说污段子，则大有震慑之效；其二，传播渠道多元，聚会活动、旅游沿途，时时开侃；其三，不断在传播中屡经高手润色拔高，接力创作创新，让原本不够"污"的段子变得更为色情露骨。

青年学生热衷于编造、传播污文化，有其特殊土壤。一方面，因青春躁动诱发的性心理宣泄。对性心理的压抑与否定，会使处于"后青春期"的青年学生有性解放的渴望，互相传播以追求性自由。另一方面，污文化成为青年学生开展社交的常用方式，"段子手"成为聚会宠儿，会点"黄段子"才是"社会人"。

## 四、星文化

### （一）定义

星文化，即追星文化，指青年群体出于对明星的着迷，把生活重心大部分或全部转移到搜索和关注明星动态、观看艺人节目、搜集和收藏偶像资料等方面，甚至有时会因对明星产生崇拜、热爱、欣赏等情感而做出非理智的言行。

### （二）典型表现

某明星痴迷追星间接导致父亲自杀；某粉丝团体集体洗白吸毒艺人；某明星粉丝"举报AO3、LOFTER等同人文写作平台"后受到各国同人文作者反击，相关微博话题"#粉圈文化不能走火入魔#"等阅读量31.2亿，讨论190.5万。

### （三）文化内涵

由青年学生为主力军构成的粉丝团，已经不再仅仅是一个文化群体，同时也是一个具有政治意义的群体以及消费群体。

高校中的追星文化基本拥有如下特点。其一，偶像范围的扩大化与粉丝身份认同。从娱乐圈到学术界，从政治人物到草根大众，均拥有一部分忠心拥趸。粉丝们自发为自己取名并组建"饭圈"，时刻捍卫着偶像地位。其二，粉丝的团结性和冲突性。对于共同喜爱的明星，粉丝们团结友好，而涉及人气拼争、作品排行、年度榜单等偶像利益之事时，不同明星的粉丝之间便容易引发骂战。其三，高校中出现职业粉丝群体。演艺公司已将商业触角伸至高校，以"兼职"的名义雇用了一批被称为"蓝领"的学生为明星宣传造势，负责名人接机、晚会献花，以此营造艺人人气高涨的虚假形象。

**五、游文化**

（一）定义

游文化，即游戏文化，指青年学生因过度沉迷于网络游戏中而成瘾成魔，导致对网络游戏产生生理和心理上的病态依赖。[①] 这表现为为了追求网游中的虚拟快乐而投入了近乎全部的时间和精力，并花费数额巨大的真金白银购买游戏中的装备、点卡、武器攻略，且戒除困难，影响正常社会交往。

（二）典型表现

青岛某大学生网吧通宵玩游戏猝死，南京某大学生为购买高等级游戏账号被骗近万元。

（三）文化内涵

近年来，青年学生因沉迷网络游戏无法自拔而自残自杀，或模仿网游暴力杀人等事件频发，反映出青年学生沉迷网络且身受其害的现实已经十分严峻。

游戏文化以一种"温水煮青蛙"的方式，让青年学生上瘾，并最终导致一种病态的迷恋。其一，依赖性极强。进入游戏中会使人亢奋、狂热、激动；远离游戏会使人感觉生活空虚、百无聊赖、无所事事。其二，耐受性极强。打游戏如同吸毒一般，使人一旦上瘾就"无法抗拒"。部分青年学生通过游戏获得心理满足感，他们通过增加游戏时间

---

[①] 闫宏微. 大学生网络游戏成瘾问题研究［D］. 南京：南京理工大学，2013.

和强度麻痹自我,逃避现实,获得精神的满足。当缩短游戏时间时,往往容易烦躁、急躁、暴躁,失去安全感、获得感和满足感,产生空虚感。其三,心理斗争和戒断反复性。即使有部分青年学生意识到沉迷游戏的危害,希望通过自身努力戒除游戏,但远离网络游戏之后带来的身心折磨和痛苦超越了承受极限。在重压之下,部分青年学生玩家又会重新沉迷于网络游戏之中,造成恶性循环。

## 六、毒文化

### (一) 定义

毒文化,即毒鸡汤文化,指广泛在青年学生群体中流传的"心灵砒霜"式的段子。这些段子表面看上去像是"心灵鸡汤",鼓吹奋斗、坚持、努力等散发正能量的励志语录,其实到最后要么话锋一转,赤裸裸点出社会现实,要么暗藏着营销和诈骗信息的文字内容,使人产生厌世心理。

### (二) 典型表现

网传语录"努力不一定成功,但是不努力会很舒服"、网络段子"全力做到最好,还不如别人随便搞搞"。

### (三) 文化内涵

从"心灵鸡汤"到"心灵砒霜",青年学生已经开始旗帜鲜明地抵抗反智主义,揭露了"心灵鸡汤"中将复杂的事情简单化,根本不去考虑造成矛盾深层原因的套路,不愿意通过"自圆其说"的方式敷衍自己,反而希望通过直面赤裸裸的事实进行自我清醒。

"毒鸡汤文化"也引发了社会争议。一方面,毒鸡汤揭露了社会事实,让青年学生早点看清现实。同时,"毒鸡汤"点破了"心灵鸡汤"中"只给鸡汤,没给喝汤勺子"的固有套路,道出了残酷的真相,让青年学生知耻而后勇。另一方面,"毒鸡汤"也会打击青年学生的进取心，明明可以做到，却劝人轻易放弃，成为不努力上进、安于现状的借口。

## 七、替文化

### （一）定义

替文化，即代替文化，指青年学生对一些不想做，或感觉力不能及的事情，不是寻求积极的解决途径加以克服，而是采取付给他人一定的经济报酬，通过请人代劳的方式完成任务。

### （二）典型表现

高校现"替课"有偿服务，双十一后物流点"替送货上门"生意火爆，四六级"替考"屡禁不止。

### （三）文化内涵

高校中"替"思想泛滥，除了替课，还存在替早操、替领快递等。近几年，高校大学生"替文化"愈演愈烈，反映出部分学生"金钱万能"的错误认知，认为钱能解决一切问题，也反映出部分学生"不劳而获"的心态。这主要表现为不愿付出相应努力却想收获相应成果，因而采取弄虚作假、蒙混过关等手段，使"替"文化在高校盛行。

新媒体和社交平台为"替文化"推波助澜。不少"替中介"以微博、微信和支付宝为载体，发布"替服务"信息，甚至推出"包月""包学期"服务，形成了市场庞大的"灰色产业链"。

## 八、槽文化

### （一）定义

槽文化，即吐槽文化，指青年学生在交谈过程中，有意寻找对方的漏洞，故意逆着对方的意思说话。同时，在对方说"场面话"或"大话"时，故意说实话揭穿，不给对方留面子。"吐槽"带有相当的戏弄、调侃成分，其近义词是抬杠、诋毁、捣乱、掀老底、拆台等，是一种自嘲和讽刺他人的交流方式。

（二）典型表现

故意在好友朋友圈发布的"减肥宣言"下方评论"刚刚吃了两碗饭的人不是你？"，或者是当同学社交媒体上发布励志感悟时，故意评论"人丑就该多读书"。

（三）文化内涵

青年学生视吐槽为一种较为民主自由的话语表达方式，也是一种为了排遣精神压力而采取的娱乐发泄方法。在吐槽圈中，任何梗、任何话、任何行为都可能成为"槽点"，越是互相贬低越显亲昵。

"槽文化"在青年中较为盛行，以A站、B站等为典型代表的弹幕网站表现尤为明显。观众在观看弹幕网站上的视频时，往往会将自己实时的想法、灵感以评论的方式打出，形成了一种愤世嫉俗、娱乐至死的文化现象。这种突然而至的吐槽，常常表达出一种不满情绪。这种批评他人、自我嘲讽的话语，往往带有较为强烈的感情色彩，有时用词也比较激烈，用以发泄心中不满。当然，有时吐槽的目的也表现为反抗权威。在公共事件爆发时，青年以吐槽的方式突破不通畅的意见表达渠道，以委婉幽默的方式曲折完成社会监督。

## 饭圈文化：娱乐偶像"宗教化"

2017年10月8日，某明星在新浪微博上发出一条微博："大家好，给大家介绍一下，这是我女朋友@×××"，由此宣告与另一位明星的恋情。该消息导致微博系统发生短时故障，而原微博下的"点赞"高达533万。截至10月16日22时,可检索相关新闻162万条,其微博话题阅读量高达4.3亿,讨论量达10.3万,微信公众号文章39556篇。环球时报发表时评,指出中国和平繁荣是某星现象的沃土"引发广泛热议,也引发了大规模的粉丝骂战。

**一、娱乐明星折射出娱乐偶像"宗教化"**

娱乐圈知名度高的两位明星恋情曝光后掀起的巨大舆论波澜,无异于一场全民狂欢,亦是娱乐圈中又一次"造神"运动。娱乐"宗教化"是在经纪公司和资本的共同运作下,以明星本身为模板创造出一个抽象的、完美的符号身份,提供给青少年粉丝进行消费,造成粉丝类似"宗教崇拜"的现象。

在本次舆情事件中,对该男明星的粉丝而言,消费的不是明星本人,而是经过包装后的明星符号。同样,所有关于两位明星的讨论,完全由恋情本身扩散到"我被我家爱豆(偶像)抛弃了"的寻死觅活,形成了多级次生舆情。

**二、娱乐"宗教化"的典型表现**

(一)严密的等级关系

明星需要保持神秘感方能让粉丝对自己产生敬畏之心。明星与粉丝之间、"铁粉"与"路人粉"之间,都存在一种宗教式的等级关系——粉丝像一群虔诚的信众,会经常性地自发关注偶像动态,让自己和偶像之间存在某种虚无缥缈的"精神相依"的联系。

粉丝群体中也有一个严密的组织。一方面,最高等级的粉丝负责管理和动员粉丝团体,就像是宗教里的祭司,他们可以和神(偶像)进行对话,传达神(偶像)的意图给下面的信众(粉丝)。另一方面,底层粉丝组织中的最重要的形式是"站子"。所谓"站子",是连接粉丝和偶像的一种自发组织。相比于在茫茫人海中做一名个体粉丝，建立一个"站子"会让粉丝觉得自己是偶像事业版图的一部分，能够加入"家族"进行"抱团取暖"，而不只是一个追随者。"站子"部分取代了媒体地位，被粉丝视为追踪明星动态的直接平台。天南海北的粉丝在线上集结为一个个团体，并拥有"一呼百应"的组织动员能力。

（二）狂热的盲目崇拜

在关注偶像一举一动的同时，粉丝们也投射了自己的情感需求和心理预设，因此常常具有过度狂热、过于偏激的行为。为了能够成为热度粉丝，其不惜花费大量时间和金钱为自己的偶像"打榜"（集资购买偶像作品使其登上排行榜）和"应援"（聚集铁杆粉丝出现在偶像活动现场制造声势）。部分粉丝"狂粉"为此失去理智，投入的金钱与之经济承受能力不匹配，甚至远远超出了自身的财力负担范围。这部分非理性的粉丝将大量的时间、精力和金钱用于追踪和支持偶像，导致放弃或忽视了自身的生存和发展，使学习、生活和工作变得"一团糟"。

（三）偏执的完美心态

大成本的投入使得粉丝产生了"入局心理"，使之期待偶像的人设形象保持完美，不容许被玷污。换言之，偶像必须成为道德上、行为上毫无瑕疵的"神"，方能契合粉丝的心理预期。

以"国民老公"为卖点的偶像必须保持单身，以"清纯玉女"为卖点的偶像必须没有绯闻，以"温柔暖男"为卖点的偶像必须压抑天性，如此才能收获大批粉丝。一旦偶像打破了人设上完美的标签，粉丝会感觉自己的付出没有得到应有的回报，产生悲伤的情感和强烈的情绪波动，甚至因此做出危及个人生命安全的不理智行为。

在两位明星恋情曝光之后，当事人双方的粉丝"手撕"某女明星（曾与该男明星在综艺节目中传绯闻的另一位明星）粉丝引发了轩然大波。不同粉丝群体之间会因偶像的对比产生不必要的矛盾，不同"派别"的粉丝也会与其他人产生隔阂，使得粉丝的交际圈子和交际偏好越来越集中于有共同偶像的粉丝群体，逐渐疏离其他人群。

### 三、娱乐宗教化原因

#### （一）资本操纵娱乐，制造全民狂欢

一方面是商业利益的驱动。现如今明星的代言费动辄成百上千万，高额的利润促使娱乐公司不断将明星成名的经历、励志故事按照青少年偏好的方式进行包装和营销。对于资本来说，将某男星包装成为完美型"消费品"就是最终目的，因为粉丝并不关心资本要从他们身上吸多少钱，而是愿意购买偶像的一切附带产品，让经纪公司赚得盆满钵满。另一方面是明星包装策略的产物。娱乐公司在明星的包装上，也有意识地引导青少年用近乎宗教膜拜的虔诚态度去追求偶像。即便人设和明星本人天差地别，但经纪公司也能通过各种宣传手段进行强行"洗白"，利用贴标签、卖人设、讲故事等方式，将偶像推崇到够不到、摸不着的至高境界，让青少年死心塌地地追随。

#### （二）和平繁荣是娱乐宗教化的社会背景

一方面是当前正处于和平年代。在和平年代里，四海升平，革命英雄、道德模范随着时间的流逝而逐渐被遗忘，加上西方享乐主义、个人主义、拜金主义的泛滥，使得青少年的世界观、人生观、价值观出现了偏差。在此情况下，他们容易把素昧平生的明星偶像追捧至极，不顾自身生存、安危和发展，不惜一切代价也要全力帮助偶像圆梦，将偶像实现目标和梦想视为自己也"得偿所愿"。这导致不断将娱乐明星神圣化，甚至将娱乐明星捧到"领袖"的境界。另一方面是娱乐产业的繁荣。全球化趋势下，国际交流合作频繁。受"韩流"影响，近年来娱乐产业爆炸式发展，令原本来自于政治和经济领域的危机感产生了相对

弱化。正因如此，娱乐业才能把社会注意力揽入怀中，几个俊男靓女才会突然间拥有了"一呼百应"的力量。

(三) 青少年缺乏社会认同感

一方面是青少年孤寂心理的本能反应。由于青少年正处于青春期，情绪容易波动，往往习惯于悲春伤秋。同时，青春期的青少年也容易产生与父母关系疏远、传统观念裂变、家庭分裂增加等问题，使之倍感焦虑、孤独和不安。因此，部分青少年选择将注意力和感情寄托于同偶像建立亲密关系上。这其中，青春期的女性粉丝可能更加敏感和感性，偏好浪漫氛围，产生的追星动机也更加强烈，由此形成了对偶像的"虚拟情感依恋"。但是一旦自己喜欢的偶像恋情曝光，就容易出现"背叛感"，在应激反应下形成过激行为。另一方面是青少年获得成就感的途径较少。粉丝通过参加明星应援会、演唱会和接机等集体活动来增强自己的成就感和获得社会认同感。同时，偶像的"现实感""存在感"也在活动中被放大或加强，从而使青少年产生出已经与偶像建立了"某种关联"的错觉，进而获得幸福感、安全感、归属感和认同感。在这种虚幻感的支配下，各种粉丝活动层出不穷，且大多是自愿发起，呈现出有组织、有规则、有规模的特征，也在无形中形成了"仪式感"，从而强化了宗教色彩。

四、破解娱乐"宗教化"的对策

(一) 提供合适的社群服务环境，鼓励青少年参加志愿活动

现实生活当中，社群服务有限，青少年缺少组织训练的渠道，因而很难获得成就感。因此，政府和非公益组织应多为青少年提供社区服务岗位和机会，特别是利用好互联网做好社群活动的组织动员，鼓励其积极参与志愿服务，增强满足感和成就感。

### (二) 加强青少年正确价值观教育

青少年正处在身心发展的特殊阶段。正值青春期的他们，心理状态和价值观念等易受外界影响和侵染，容易因为迷恋光鲜亮丽的偶像而模糊了自我价值和社会价值，产生非理性行为。学校应通过教育，引导青少年树立正确的价值观，特别是形成正确的偶像观。满腹经纶的学士、为国捐躯的烈士、慷慨解囊的义士等都应成为新时代的"国民偶像"，并成为与娱乐明星偶像相抗衡的身份标签。只有丰富偶像类别、打通偶像推介渠道、展现偶像励志事迹，才能让青少年逐步走出"丧失自我"的泥淖之中。

### (三) 搭建青年成长平台，大力选树青年典型

鼓励青少年努力学习，并积极参加线下人际交往、互动活动等，使之远离虚无缥缈的网络粉丝圈。学校应组织丰富多彩的社团活动以激发青少年的活力和发挥他们的特长，为青少年搭建展示自我和实现自我的平台。同时，应挖掘励志型、服务型"草根"明星，巧用、善用身边好人好事，对其产生道德感召力。这将使青少年的"追星"转化为对科学的追求、对友善的追求等，促进青少年向上向善、拼搏进取。

## 锦鲤文化："转发锦鲤"的人生巅峰

2018年9月29日，支付宝在微博开展"免单"福利，光转发量就达到200多万，而网友@信小呆 成为唯一被抽中的"幸运儿"，被网友称之"中国锦鲤"。"锦鲤"早已不单单是一种鱼类的名称，而是幸运符、社交币，网民可以通过转发、点赞、还愿等方式，分享自己对美好生活的渴求。

"网络锦鲤"的出现，是封建迷信传统的虚拟化表现。当营销手段

与传统锦鲤文化寓意结合在一起后,"幸运锦鲤"便开始以新的姿态融入青少年的生活。实际上,这种规模大、范围广、周期短的文化特征,在一定程度上折射出人们对不劳而获价值观念的追捧,并渴望拥有坐享其成的社会心态。

### 一、转发"锦鲤"的心态剖析

一是将希望寄托于传统吉祥物获取安全感。将美好希望、愿望寄托于"锦鲤"是古已有之的祖先智慧。鲤鱼从古至今备受人们喜爱,常与成功、顺利等美好的结果相联系,锦鲤自然而然地成为人们寄托希望和美好愿望的吉祥物。在古代,孔子为其子取名为"孔鲤",愿其能够逆流而上,这是美好的祝愿;战国楚墓中墓主乘鲤升天,这是玄幻的传说;"鲤鱼跃龙门"的典故,这是积极的寓意。时间流转到现代,最火的许愿地不再是寺庙、教堂,而是微博、朋友圈的转发区。考试求过、工作求顺、生病求康复、出门求平安等内容,都成为"拜托锦鲤"的祷告词,而社交媒体平台上"转发这条锦鲤"也变得随处可见。

二是通过轻松诙谐的方式释放生活压力。面对以"快"为基调的现实生活,青少年内心的焦虑感、不安全感增多,对学习、工作、生活的掌控信心不足。转发锦鲤和书写心愿,既是一种精神寄托,也是释放、舒缓和宣泄生活压力的方式。同时,转发锦鲤的操作简单,互动性强,又能以这种生动诙谐的方式向亲朋好友宣告自己心中的"诗和远方"在何处。比起一板一眼、生硬直白的表达,这种方式显然更能掳获青少年的心。

三是沿袭群体约定俗成的自觉。锦鲤不是人们转发的唯一选择。从彩虹、粉红海豚等稀有景观,到玫瑰、爱心等美好图案,甚至是萧敬腾、魏璎珞等真假人物,都被列入日常转发的名单。在转发信息中,加上"一定有好事发生"、或加上"讨厌人会消失""逢考必过"等富有煽惑力的内容,往往会形成模仿效应。这是因为,炮制出这种"转发套路"的始作俑者瞄准了青少年的内心需求,借互联网这一新平台和新载体,使转发行为与"看到流星要许愿""过年要说吉祥话"等形成挂钩,渐渐成为部分群体约定俗成的自觉。"日常迷信"也好,"互联网玄学"也罢,转发无需成本,"灵验"回报诱人,于是,"不转白不转""宁可信其有,不可信其无"等想法成了转发的主要缘由。

四是通过积极心理暗示期待取得优秀成绩成果。百分之一的中奖机会可遇不可求,但生活中的"小确幸"却不胜枚举。如果把这些生活中的"小确幸"与转发行为强制关联上因果联系,可能就能够解释锦鲤的"神秘力量"。心理学的"自我应验预言"理论认为,人们的期望直接或间接影响着言行效果。从这个角度看,日常"打卡转发"是青少年与朋友增进感情的互动方式,是增强生活仪式感的途径,是为自己加油鼓劲的方法,也是进行积极心理暗示期待取得优秀成绩成果的表达方式。

## 二、"转发锦鲤"全网风靡的原因

一是娱乐至死下理性判断的丧失。从传播学的理论来看,转发锦鲤是一种网络狂欢的文化现象。狂欢的特征就是集体性粗鄙地、游戏地颠覆、调侃、亵渎神学规范。转发锦鲤,成为了青少年游戏性颠覆严肃神佛参拜的集体狂欢,也是其在"全员转发"的迷思中丧失科学判断力的表现。

二是传统迷信的变异——网络新型迷信。青少年在层出不穷的娱乐信息和"转发宣言"中,容易慢慢丧失热情、抗争欲望和思考能力。祈求"锦鲤附体"是当代社会中青少年为了缓解压力的一种自嘲行为。陷入迷信中的青少年像极了烧香拜佛的"信徒":运气降临是神佛保佑,晦气来到是我应得。

三是"运气决定论"的影响。"读书无用""运气比努力更重要"等观念横行的重要原因是"幸运者偏差",特别是部分不靠知识和努力收获成功的人经过媒体演绎，容易让青少年形成"命运决定论"的错觉。对三观未定的青少年而言，其习惯性在网络的影响下把小概率事件作为坚不可摧的真理。当小概率事件积少成多，基数逐渐增大时，就使之对小概率事件产生了大概率的期待。

四是商家营销手段的创新。在信息爆炸的新媒体时代，用户的注意力是商业竞争的重要筹码，且随着信息量持续增长，用户的注意力也越来越稀缺和宝贵。在诸多高校，许多商家"如法炮制"，将这种"幸运锦鲤"营销策略带到了校园里，引起青少年的关注度与讨论度，自然也造成了线上线下"共转锦鲤"的"奇观"。

### 三、锦鲤文化泛滥的危害

"转发锦鲤"的本质是一种非理性传播行为。长此以往，容易让青少年认为转发锦鲤、传递祥瑞、摆脱"水逆"等是成功的不可或缺的条件。这主要表现为四点：其一，部分青少年可能放弃努力，整天幻想着"天上掉馅饼""一夜暴富"的"好运"降临；其二，部分青少年可能以"实力不够，运气来凑"作为逃避现实的借口，认为自己运气不好，遇到问题和困难就怨天尤人，而不从自身查找问题；其三，部分青少年总是将不成功、不顺意等归结为"运气不佳"，意志消沉、丧失斗志；其四，部分青少年以情感或道德绑架作为手段，强迫进行转发，特别是类似于"不转不是中国人""不转厄运降临"等威胁和诅咒，都可能批量制造"网络垃圾"。

锦鲤文化的泛滥会对青年自我价值观的判断造成极大的混乱，形成一种将成果归咎于"天赐良辰"的非理性认知。在"转发锦鲤"文化成为潮流的当下，青少年在"转发锦鲤、实现愿望"的美好幻象中乐此不疲，并形成了一种自我麻痹的心理。这种心理主要表现为，当愿望得以实现时，青少年便将因努力获取的成功归功于"转发锦鲤"行为。长此以往，会让青少年建立起一种不合逻辑的错误因果价值观，影响对客观事物的理性判断和正确认知。

**四、理性对待锦鲤文化**

（一）政府部门应当多措并举引导当代青年思潮

政府部门应精准调研青年思潮，把握青年思潮背后的社会动因、家庭成因和个人原因，形成青年引导的科学规划和顶层设计；积极弘扬社会主义核心价值观，通过选树典型，形成榜样示范效应，帮助青年形成正确人生价值观；政府、家庭、学校、社会齐抓共管，共同服务于青少年价值观的塑造工作。

（二）高校应教育引导青年纠正"不劳而获"的思想

"不劳而获"从本质上说是一种侥幸与依赖心理的象征。对于成长在和平时期的青年，从小"衣来伸手，饭来张口"，来自社会和家庭的安全感，使得他们在本应成熟独立的年纪陷入"不知如何努力"的窘境。高校应帮助青年树立以"仰望星空，脚踏实地"的人生奋斗观，帮助他们通过增长知识、提升技能、躬身实践等正确方式，解锁人生奋斗的"密码"，走向人生成功的巅峰。

（三）青年应树立正确人生观

通过"转发锦鲤"这样简单的方式期待好运当头，成为幸运女神眷顾的幸运儿，背后暗藏着青年拒绝自我劳动、自我付出，妄图坐享其成的不良心态。因此，青少年要明确"价值只有通过自身劳动才能创造"的正确价值观，对自己的欲望进行合理把控，莫要让贪婪与侥幸负了前程。

# 土味文化：畸形的网络审丑

随着移动互联网的迅猛发展和短视频的普及流行，"土味文化"逐渐从边缘文化发展为被网民关注的热点现象。"锅盖头""小脚裤""亮头皮鞋"或爆款潮男"豆豆鞋"的社会摇；车祸、癌症、社会大哥叼烟打架、言语露骨撩妹的小短片，都充斥着网络社交媒体。

这些视频因充满了乡土气息，被网友戏称为"土味"视频，并将其中包含的文化导向称之为"土味文化"。实质上，土味文化来自民间的各种奇葩见闻、搞笑段子、庸俗故事，而观看者的态度更多的是一种猎奇与嘲讽态度。青年一方面想要一探其庸俗愚昧的内容，另一方面更想在嘲讽中获得自我满足感。因此，"土味文化"往往在嘲讽中寻求低级趣味，并以"网络审丑"的形式加以呈现。

## 一、土味文化的主要特征

### （一）土味文化重原生态轻深刻意义表达

无论是土味图片，还是土味视频，大多叙事简易、剪辑粗劣，散发着浓厚的"草根气息"。从呈现形式上看，业余的表演者、浮夸的动作，往往产生"雷人"之效；从内容表达上看，多以"原生态""不修饰"的方式描述日常生活；从叙事主题上看，较少追求深刻的社会意义，更多以猎奇、搞笑、粗俗的方式展现"社会人"的一面。

### （二）土味文化具有特殊的话语表达

土味文化的话语符号主要包括地方方言、自创发音等。话语是文化表达不可或缺的介质，扮演一种特殊的"象征物"，表达着"此文化"与"彼文化"的差异性。部分土味音视频颇具"江湖气息"，如"昨天是历史,今天是开始,明天谁也不好使""你狂任你狂,我做我的王"等,都饱含着浓厚的"江湖味"。这些短句虽然粗犷,但简要易懂且押韵,易于口头流传,也成为土味话语中不可或缺的重要组成部分。

(三) 土味文化迎合流量消费需求

土味文化通常用简明易懂、易学易会且接地气的表达方式,迎合了青少年网民好奇、审丑等心理,最终达到"博君一笑"的效果。作为消费者的网民对土味文化解读的心态各不相同,或是看热闹,或是打发时间,或是有意审丑或嘲讽,都造成了网络上的"众声喧哗"。不可否认,土味文化迎合了消费需求,成为部分网络平台"收割流量"的手段。

### 二、土味文化风靡全网的原因

(一) 中国固有的乡土文化基因

土味文化这种"新潮流"对城市用户而言缺乏吸引力,但在"小镇青年"之中,这类娱乐形式已开启"霸屏"模式。通常而言,土味视频内容更加贴近乡村生活,展现了底层民众的生活百态,具有天然的亲近感和吸引力,因此备受青睐。值得注意的是,目前"土味文化"已经呈现出"农村包围城市"的趋势,逐步从三四线城镇"突围",在都市之中呈现出"土洋结合"的新局面。

(二) 互联网技术降低创作门槛

互联网在一定程度上打破了阶层壁垒,特别是抖音、快手等快速兴起的短视频平台,更是给其数量庞大的"小镇青年"提供了自我展示的机会。互联网提供了便利的创作技术,延时摄影、变声器、慢动作拍摄、滤镜、特效等令人眼花缭乱的辅助功能,都能让视频创作由专业化转变为休闲化,任何人都能轻松上手。

### (三) 土味文化隐藏利益竞争

当前网络平台竞争激烈异常，作品创新难度日渐增大，促使部分平台"俯身下望"，转变视角关注平凡人的"原生态"生活。土味文化大多聚焦于特色乡村乡土文化，并挑选了奇观异景之处作为"背景板"，短时间便能收获青年"眼球效应"，流量和收益也就变得"水涨船高"。

### (四) 土味文化反映青年心理

互联网上日渐造作的"网红"，千篇一律的生活，让求新求异的青年心生厌倦。相比之下，土味文化所具有的"野生真实"打破了网络的虚假感，真实且不做作的行为也缓解了观众的疲惫。与包装精良的"网红"相比，土味文化凭借着"接地气"的文化创作方式，契合了青年拒绝虚伪、拥抱真实的社会心态，自然能够获得众多拥趸。

教育者应当高度警惕土味文化中流露的扭曲价值观和媚俗低俗的现象。不可否认的是，土味文化的传播一定程度上迎合了青少年情感表达的需要，以调侃方式消解了传统的精英化视角，呈现出了社会转型中文化生态的复杂和社交现状的繁杂。但是，在土味文化大行其道的当下，也不能忽视其背后潜藏着"非理性繁荣"的问题。在"流量为王"的价值导向之下，部分土味"网红"企图以"擦边球"甚至"哗众取宠"的方式挑战法律道德伦理底线，严重玷污了网络空间。例如，MC天佑在直播中以说唱方式鼓吹吸毒，存在教唆犯罪的隐忧，因此被官方媒体《焦点访谈》点名批判，并实施跨平台封禁。再如，靠"社会摇"在网络中走红的牌牌琦，因其在网络上发表不当言论，对青少年造成不良示范，因此也被快手封号。这类土味文化显然已经背离了公共场域的基本底线，被禁封也是理所当然。正因如此，教育者既要看到土味文化对"模式化审美"的消解和反叛作用，又要警惕其背后可能隐藏的恶俗低俗倾向，在教育的过程中引导青少年关注底层群体，尊重乡土文化，着力弥合社会阶层之间的割裂感，消除"身份鄙视链"，才能让土味文化"土"得有内涵,"土"得有情调。

## 网络晒文化:青年人的"时尚心病"

2018年6月,名为"西瓜足迹"的小程序在朋友圈刷屏。在这个小程序中,使用者只要轻点手指选择曾去过的城市,系统就会自动生成足迹地图,展示出"坐地日行八万里"的旅行记录。这项新奇的功能在短时间内"圈粉"无数,也让青少年的朋友圈中出现了大量旅行达人——踏足30多个省区的"打卡狂魔",巡游700多个城市的"文旅墨客",足迹超越了99.9%用户的"文艺青年"比比皆是,使不少"吃瓜群众"羡慕不已,也令"晒足迹"成为了时下的风潮。

"晒足迹"只是当下"晒文化"的冰山一角。无论是毕业季"晒"毕业旅行,还是和朋友小酌"晒"美食;无论是打卡旅行"晒"美景,还是甜蜜恋爱"晒"脱单,都成为青年热衷展示自我的方式。一言以蔽之,在热衷于展示自我,张扬个性的青年群体中,似乎样样皆可"晒"。

### 一、"晒"的含义

"晒,暴也",原义为在阳光下曝干或取暖,其后该词的含义被逐渐丰富。过去,"晒"被用来传递情意、浪漫与心境,而现在网络中的"晒",却有着卖弄、分享和炫耀的意味。

"晒文化"是新媒体语境下的特定产物,它是指个体以自媒体为中介自愿传达自身信息,展现自我表露本能的文化心理与文化行为。[1] 换

---

[1] 闫方洁. 自媒体语境下的"晒文化"与当代青年自我认同的新范式[J]. 中国青年研究, 2015 (6).

言之,"晒"就是自愿将其心情、态度、观点和需求等所思所想所为告知他人,与他人共同分享。在新媒体时代,青年是使用社交媒体平台最重要的组成群体,活跃度较高,也乐于在网络平台中与他人分享自己的动态和状态。可以说,"暴露隐私"已成为青年人的"时尚心病",而"晒文化"更是构成当下极为重要的青年亚文化形态。

## 二、青年"晒"的类型

### (一)情感展示型

网络社交媒介是青年"晒"情感的重要平台,也是青年表达情感的重要切入口。"晒"的过程本身就是一种自我编码的过程,是自我关于内心的意义、欲望和目标的曲折化与隐喻化的表达。[①] 在"晒"的过程中,青年能够实现情感、情绪、状态的传达、表达与发泄。

### (二)自我塑造型

"晒"既可以展示情感,表达观点,促进社交,同时也能够进行自我形象塑造。在网络平台,一方面青年可以有选择性地表达观点、看法,通过对信息的收集、分享、传播等方式促进社交;另一方面通过"晒"来自我指涉、自我塑造,也能够呈现自我与他人的差异。[②] 换言之,"晒"让青年在获得存在感的过程中,也完成了自我身份的构建以及自我形象的塑造。

### (三)纾解压力型

青年群体通过"晒"与他人交流互动,并在这个过程中进行压力疏导与纾解。网络社交媒介具有一定的交友、娱乐功能,为人与人之间

---

① 樊佳慧.自媒体时代青少年心理健康教育新思路探析[J].求知导刊,2018(12).
② 闫方洁.自媒体语境下的"晒文化"与当代青年自我认同的新范式[J].中国青年研究,2015(6).

的交流、交往提供了平台。在网络这个虚拟的时空场域中，青年一方面可与他人交流互动，另一方面也能够通过对大众娱乐信息的消费进行自我治愈，使其能够在网络虚拟空间中找到一处心灵的栖息地。

### 三、"网晒行为"折射的青年心理

（一）从众心理，社会导向下的跟风体验

从众心理在现代社会中极为普遍，甚至在社会群体中有着愈演愈烈的趋势。这种心态在一定程度上也折射出了过于发达的信息交流所带来的弊端——同化的趋势愈演愈烈，存异的态度越来越少。现代青年常常为了顺应潮流而盲目追随：去看别人都看的东西，去做别人都去做的事，特别是各种艺术展、话剧、交响乐等，旅游景点更是"人满为患"。通过种种跟风行为，虽然让青年产生了免于被"集体"排斥到外的安全感，却不知这反而会慢慢消磨掉最宝贵的个性和独立性。

（二）惧怕心理，危机意识下的被迫选择

惧怕心理是青年盛行"晒文化"的重要心理驱动力。当其看到别人都在各种"晒"时，会被流露出"不甘人后"的恐惧心理，由此被唤起了危机意识，莫名感到惶恐和紧张，从而被迫执行"晒"的动作。比如：假期晒旅游，平时晒美食，节日晒祝福等，都已经成为了朋友圈中的"规定动作"。此外，"晒学习"则成为了脱颖而出的"自选动作"，但却因为是被迫之举而收效甚微。这是因为，做出"学习"的选择是被动的，只是因为"他人在学习"而学习，因此积极性和热忱都无法得到长久维持，既浪费了时间，又消磨了耐心，反而事倍功半。

（三）炫耀心理，虚拟环境下的价值满足

炫耀，似乎是人类的一种天性，而青年炫耀的动机则更为强劲。能够炫耀，在三观未定的青少年看来，是因为人与人之间存在差距。这种差距，让"比较"成为可能，而在比较的过程中，强者（炫耀者）获得了羡慕的目光,满足了自己的虚荣心,实现虚拟性的自我价值,也由此获得了世俗意义上的表层幸福。青年"晒"的初衷大多为分享、记录和展示自己的生活,但当看到别人所"晒"内容特别精美时,处于攀比心态,其往往会开始精心打造"门面"朋友圈,以达到炫耀自我的目的。青年逐渐被"晒"定义了生活,开始把生活重心转移到如何"晒"之上,企图通过"晒"来炫耀自己的观点、生活和状态等,但是往往再精致的内容、再耀眼的图片,都无法填补内心的空虚。

(四)比较心理,竞争背景下的自我构建

在现实生活中,青年常常在与他人比较中定义自我,而非以纯粹客观的标准进行定义。在比较心理的影响下,青年在朋友圈中往往过度美化自我,也常常被这种过度美化的表象所蒙蔽双眼,误将过度美化的自我或生活当成了现实。然而,比较是没有终点的,正如歌中所唱"问世间是否此山最高",生活给出的答案是"另有高处比天高"。当青年热衷于比较时,总会看到有人过得更好,总有人轻易地就会给自己带来"降维打击",从而陷入郁郁寡欢的消极情绪之中。

### 四、青年"晒文化"的实质

(一)"晒"源于自我认知与共识

"晒"行为是对自我的认知,同时是基于自我与他者的共识。对自身现实生活的编辑与意义提炼,并与想要表现出的形象进行对比分析,以符号的选取和编码达到预期,这是"晒"的最基本动因。在这个自我认知的过程中,不同主体扮演着不同的社会角色,有着不同的生活方式,有着不同"晒"的形式和目的,也有着不同的认知层次。当前,"晒"已成为普遍现象,社会大众对"晒"式行为已形成共识,青年更是将"晒"视为自我展示的方式。

## (二)"晒"表达了对归属感的诉求

根据马斯洛需求层次理论,社交需求中,"爱和归属感"是个体重要的情感需求。生活以情感为重要支柱,特别是人在生理需求和安全需求得到满足之后,便开始追求关注、关心和价值认同。"晒"往往体现着青年的情绪寄托,使青年在精神上获得满足感、认同感、归属感。在"晒"行为的背后,青年渴望得到他人对自己的赞许、肯定与认可。因此,青年往往选择在可以预料到他人反应的基础之上,努力构建相应的符号,以寻求价值认同,寻求归属感。

## (三)"晒"反映的是一种角色扮演

戈夫曼(Erving Goffman)的"剧场理论"认为,社交互动具有"台前"和"幕后"之分——台前是表演生活,幕后是真实生活。人在不同的时空中,往往扮演着不同的角色,青年也不例外。"晒"是展示自我的平台,源于生活,但又不止于生活。"晒"是一种选择性展示,"晒"符号的选择和被赋予的含义因主体不同而不同,它承载着生活中的某个面或某几个面,而不是全部完整立体的生活,是个体"故意""刻意"展现出的个体愿意扮演的"生活角色"。此外,"晒"的符号编码具有主观性,不同个人因心情、心境的不同而呈现出不同的角色,塑造了不同的社交形象。

# 围观文化:吃瓜群众的狂欢

2018年10月16日,赵丽颖和冯绍峰"官宣"结婚,引得大批网友注目围观。据统计,"官宣"当天微博同时在线人数达4800万,两人当日微博阅读量超4亿,社会影响力超36.5亿。

此微博火爆之后,"官宣体"应运而生。几天之内,山东大学、北京交通大学、中央民族大学等高校纷纷模仿。不仅如此,公安、气象等诸多行业的官方微博也频频亮出"官宣",使之成为网络热点行为。在众多"官宣体"中,人民日报官方微博的宣传内容格外震撼,通过晒出54年前今天的《人民日报》号外报刊图片,头版刊发"我国第一颗原子弹爆炸成功"的消息,从而收获了"最霸气官宣"的桂冠。在"官宣"的背后,藏着青年看热闹的"围观"心态,也成为了最流行的网络狂欢方式。

### 一、"吃瓜"起源

2016年,教育部、国家语委在北京发布的《中国语言生活状况报告(2017)》显示,"吃瓜群众"成为中国媒体十大新词语之一。

"吃瓜群众"中的"瓜"是"瓜子"的意思。这个词语的出现源于人们在乘坐火车时列车员售卖"花生瓜子饮料矿泉水"的生活体验。在此之后,当网络上盛行发言讨论似是而非的问题时,青年便热衷于在评论区留言——"前排出售瓜子""前排吃瓜子""前排吃瓜""吃瓜群众""不明真相的吃瓜群众"等称号也不胫而走,以此来表明自己的围观立场。于是,在这场网络狂欢之中,人们就习惯性将"不明真相的吃瓜群众"用于形容不了解实情,对各种发声都持"围观"态度的网民,这成为多数在网络上"看热闹"青年的真实心态写照。

### 二、吃瓜文化心理

#### (一) 镜像自我效应——看热闹不嫌事大

在心理学中,典型的心理防御机制包括酸葡萄心理、看热闹心理等。换言之,这意味着有些人看到他人成名或成功,非但不是进行赞许和夸奖,而是认为其"生活并没有看上去那么好",或者认为其"不过是运气较好",以此进行自我安慰。除此之外,对于心胸狭隘者,甚至还抱着鄙视的心态看待别人的成就,展现出俗话"吃不到葡萄就说葡萄酸"的"看客"心态。当然,对于一些内心怯懦的青年,也会通过借助社会比较、社会关系对比来满足个人的自我认知,满足自尊平衡的需求。

心理学中将这种"看热闹不嫌事儿"的心理称为"镜像自我效应"。简言之,看似关注别人,实则关注自己,并通过关注和了解他人,来认识和安慰自己。当青年选择成为"吃瓜群众"只看热闹不参与时,往往能够缓解或消除精神压力,使之心态感到平稳和平衡。当青年的生活不如意不顺遂时,往往更容易选择以这种方式来进行自我保护。

(二)道德优越感——道德执照效应

"道德执照效应(moral licensing)"是指在日常生活中,当一个人做了好事之后如果他再做不道德之事,他便会感到心安理得。正如一个想减肥的人,在勤奋锻炼一整天之后,往往会心安理得地在晚上进食高热量食品,因为其自认为自己已经努力锻炼一天,因此稍稍"放纵"似乎并无不妥。

"吃瓜群众"的道德绑架源于围观者对被围观的人所产生的"莫名其妙的道德优越感"。当青年过度自信地认为自己的道德比别人高尚时,往往容易做出不道德之事,并会认为自己的言行举止是合情合理、天经地义的,而这种"优越感"往往会让青年陷入自我迷失之中。

(三)"归属感"的需求

当人们途径商业街时,如果看到许多人聚在一起,通常脑海中的第一反应是想"凑过去"看看究竟发生了什么事。此时,"凑热闹"的人们实际上就是想使自己成为围观群众中的一员,想要加入其中,被贴上和围观群众共同的标签——想"知道真相"的吃瓜群众。在网络社会中,青年企图通过"围观",成为"吃瓜群众"中的一员,进而获得

"群体归属感",与周围人建立共同话题,消除彼此之间的陌生感。

　　生活保障是人的基本层次的需求,在基本层次需求得到满足之后,就会产生更高层次的需求——归属感。青年在关爱他人的同时也渴望被人关爱,希望被他人认可,被组织或群体认同,便努力寻找心灵的栖息地和归属感。当这一需求被满足之后,才是尊严和自我价值实现的需求。不可否认,归属感是人们在满足基本温饱和安全等生活保障需要后最重要的需求,也是促使青年通过"围观"的方式实现"抱团取暖"的重要原因。

### 三、"围观"的社会意义

　　现如今,青年热衷于在网络上对各种事件进行围观,"不明真相"的吃瓜群众通过有限的信息对发生的网络事件进行评判也成为了常态。那么,"网络围观"真的有利于社会热点事件的解决吗?

　　毋庸置疑,"吃瓜群众"的存在具有一定的合理性。每一个看热闹的围观者看似是为了满足个人好奇心,实际上潜意识里是关心社会事件,关注社会是否公平和正义。相对"事不关己高高挂起"的人来说,"吃瓜群众"显然更关心国家、社会和他人。当然,希望更多的"吃瓜群众"不仅仅只是"吃瓜一族",更希望"吃瓜群众"能够更有责任感、使命感,积极为国家、社会做更多的贡献。

　　值得注意的是,网络围观也会带来一定的负面作用。网络围观所形成的评论圈和转发圈等大多具有强烈的主观性,个人色彩浓厚,通常注重情绪、情感的宣泄和发表,而非客观的解决方法。同时,青年网民素质参差不齐,网络围观行为可能有助于实现公平公正,帮助弱势群体发声,也有可能因发表不道德、不理性或违法言论,而伤害他人身心,侵犯他人权益,影响或阻碍社会发展和进步,甚至可能造成大规模迫害行为。例如,在钓鱼岛事件发生时,部分人群通过"打砸日本车"来表达爱国情感,在网上受到青年的围观和热议,并在热议中不断升级,甚至被拔高为"无可匹敌的爱国精神"。当破坏他人财物的违法行为,竟成了爱国的"高尚行为"之时,也能看出围观过程中的群体盲从和群体非理性。

高校要帮助"吃瓜群众"的青年树立正确的价值观念,主动关心社会热点,科学理性地"围观",让"围观产生力量",用积极"围观"推动社会热点问题的解决,用积极"围观"对好人好事等社会正能量主动"转、评、赞",推动社会进步和发展。

## 犬儒主义:青年人的处世之道

2018年10月2日,微信公众号网文《在没有英雄的年代里,我想做一个赤裸裸的利己主义者:中国当代青春文化中的犬儒主义》引发热议,犬儒主义再次成为青年群体热议的话题。当下,"青春片"在犬儒主义的支配下以各种姿态抚慰和麻醉青年的心,而低眉顺眼、少年老成、虚假励志、自欺欺人、逆来顺受等荧屏形象的影视作品大行其道,似乎也容易与青年的青春时代形成共鸣。

### 一、犬儒主义的概念

"犬儒主义"是一种西方古代哲学、伦理学学说。主张以追求普遍的善为人生之目的。为此必须抛弃一切物质享受和感官快乐。一开始犬儒主义是作为积极意义象征的词,但发展到现代后,犬儒主义发生了"变味",已经不再是原本淡泊处事、回归自然、追求内心道德的单纯样子,而是带有了嘲讽意味。

现代犬儒主义的含义有两种。一是彻底看穿、看透。因为彻底,所以坚决不相信、不接受、不改变;因为不怀任何希望,所以选择不做任何努力。部分青年人自认为看穿、看透一切价值标准的虚伪和权力操纵，从而否定一切具有普遍意义的价值和价值追求。二是明知不对，照做不误。这类犬儒主义者说时清楚明白，做时事事不懂，往往善于自欺欺人，也可以接受他人自欺欺人，但依然坦然为之。

## 二、青年产生犬儒思想的原因

### （一）社会压力加重青年不公平感

当青年处于自身想象力最丰富、最富有创造激情的时期，却不得不面对来自现实中生存和发展的压力。为了更好地在"一地鸡毛"的生活夹缝中求得生存，其往往维持了一种"异化"的心理平衡，试图逃避现实，选择一种消极的生活策略，① 保持不反抗的清醒，进行一种自我劝说式的服从，从而产生了犬儒思想。②

### （二）文化氛围消极导致信仰缺失

受我国传统文化中"实用主义"思想及当下现实文化的影响，越来越多的青年内心更关注生活中的现实问题，对于超出世俗层面的精神信仰较为冷漠。学生时代单纯接受书本上传统的思想政治理论教育，已经变得难以深入人心，并导致青年逐渐出现了"精神缺钙""娱乐至死"等信仰缺失现象。同时，互联网大数据下网络文化参差不齐，不良网络文化"趁虚而入"，带来一定的精神污染和思想侵蚀，也导致青年精神危机蔓延，犬儒主义泛起。

### （三）市场经济资本逻辑冲击价值观

经济社会的快速发展，青年物质生活不断提高，容易使之受到消费主义、物质主义的影响。此外，西方敌对势力意识形态的不断侵入和渗

---

① 章道德.当代青年犬儒主义倾向及消解对策［J］.华北水利水电大学学报（社会科学版），2018（1）.
② 伍德志.论民间法研究的犬儒主义色彩［J］.法律科学（西北政法大学学报），2014（6）.

透，导致青年逐渐走向"拜金""拜物"，追逐和信奉"资本""权力"，从而忽视了"人"本身的价值，认为善举和利他思想和言行的背后，都隐藏着利己目的和不可告人的动机。这就导致，部分青年对于任何善意、善举或助人、利他精神或行为都不认同，保持着"怀疑一切"的态度，逐渐接受精神的犬儒化。

### 三、现代青年犬儒主义的特征

青年群体的犬儒主义针对的是"现有"价值和秩序，采用的方式是用"犬"的生存方式进行戏剧性的冷嘲热讽。① 提到犬儒，多数人会想到放浪不羁、尖酸刻薄、厚颜无耻，并将其与假装崇高、言行不一、见风使舵等消极词语相关联。具体而言，现代青年犬儒主义的特征包括以下几点。

#### （一）以不相信来获得合理性

从青年对网络舆论事件的评价中可以看出，不管最后事实真相如何，青年往往首先选择"不相信"。在青年对现实生活的评论中，这种普遍的怀疑思想和不信任的思维方式体现在方方面面，如不信新闻、不信制度、不信官媒，甚至对医生的医术和职业道德也抱着"怀疑一切"的论调。青年将对现有秩序的不满转化为一种不拒绝的理解和一种不认同的接受，② 这种对社会现实的不信任心态就是青年思想犬儒化的明显标志。

#### （二）以戏剧性进行冷嘲热讽

"90后"青年表示，既然世界是改变不了的，那就竭尽所能地表现

---

① 王瑞红. 从网络流行语看当代青年亚文化中的犬儒主义和民粹倾向［J］. 上海党史与党建，2015（6）.
② 秦程节，王夫营. 网络流行语视阈下青年核心价值观认同培育［J］. 当代青年研究，2018（2）.

出自己讽刺的才华。部分青年通过创作恶搞作品对主流价值冷嘲热讽、以扮丑耍酷卖萌等方式自讽、自嘲等,通过创作、传播网络热词或网络流行语等方式,讽刺和对抗正统、刻板、权威的主流话语体系。这种戏剧性的方式通常能够表达出内心的不满、反对或抵抗的情绪,但却常常不足以主导或推翻青年所厌恶的虚假崇高、空洞说教等。只不过,这至少是一种态度的表达,也是一种身份的认同,更是叛逆的姿态。① 在青年看来,一切最好以搞笑的方式进行,愤怒者最愚蠢,搞笑者最聪明,无论评价如何,只要能发泄内心的想法即是"精神胜利"。

（三）以"三不"的方式放弃奋进

"三不"是指不理解的认同、不情愿的服从、不反抗的清醒。青年将犬儒主义当作是自己"生存下去"的一种方式,并自我安慰无论现实多么残酷与不堪,生活总要继续。因此,青年往往对自己所处的现实环境和自己的行为感到怀疑,缺乏奋斗精神,缺乏前进的动力,缺乏辩证的思维。如此一来,在青年群体中,既有用网络搞笑段子、恶搞怪话、霸气狠话等表达不满、反对、反抗的一面,也有接受现实、委曲求全的一面。为了生存,犬儒主义者通常会选择以"三不"的方式放弃奋进向上。

## 四、现代青年犬儒主义心态

（一）看客心态

面对崇高理想和残酷现实的巨大落差,青年的理想主义情怀和超越意识逐渐淡化,变得消极冷漠,试图躲避困惑、逃避现实、避免抉择,仿佛"看穿一切",通过自嘲和黑色幽默获得一定的心理安慰,尽可能

---

① 王瑞红. 从网络流行语看当代青年亚文化中的犬儒主义和民粹倾向[J]. 上海党史与党建, 2015 (6).

地释放孤独，减轻焦虑。长此以往，这可能导致关心他人的原始情感和传统价值信仰被不断贬低，人与人之间的共同情感也日益衰败。

## （二）习惯性怀疑心态

不相信专家教授的专业解答，便用"叫兽""砖家"等字眼进行反讽和污名化；不相信官方统计数字，便恶搞文本"这事不能说太细""不管你信不信，反正我信了"进行戏谑；不相信媒体报道中的正面宣传，反而用夸张偶发的个例进行反向论证。质言之，上至政府，下至朋友，通通无视客观事实，都先选择不相信，无原则地怀疑一切。

## （三）鸵鸟心态

犬儒主义青年面对现实，本着"多一事不如少一事"的心态，认为"多思多惹事"，深思熟虑地装傻，以"你要我怎样，我就怎样"为安身保命之道，进行一种不反抗的理解和不认同的接受。① 这种消极的"鸵鸟心态"，往往被其自认为"难得糊涂"，以此进行精神麻痹。

## （四）初老心态

本该胸怀大志、满怀理想和抱负的青年不谈理想、梦想，而是以消极懈怠的态度对待生活，没有目标、没有理想、不抱希望，选择了一种随遇而安、随波逐流、听天由命的生活方式。甚至习惯于嘲笑他人的进取与上进，以调侃、讽刺的方式对别人的目标、理想、梦想表示漠视、鄙视，妄图将其他"向上走"的积极分子"拉下水"，变得和自己一样"等着天上掉馅饼"。

## （五）审丑心理

当犬儒主义者对日常事物怀疑、逃避甚至麻木，"丑文化"则为其带来了一种心理满足。各类短视频平台快速崛起，令人震惊、让人无

---

① 秦程节，王夫营. 网络流行语视阈下青年核心价值观认同培育 [J]. 当代青年研究，2018（2）.

语、甚至充满恶趣味的搞怪小视频花样走红,带来强烈的感观刺激,满足猎奇心,达到娱乐和消遣的目的,使犬儒主义者沉浸于"审丑"的亢奋中,发出"果然和我预想的一模一样"的感叹,陷入自我迷失之中不能自拔。

　　习近平总书记曾强调:"历史和现实都告诉我们,青年一代有理想、有担当,国家就有前途,民族就有希望,实现中华民族伟大复兴就有源源不断的强大力量。"青年思想观念容易受外界文化环境影响,既受着现实文化环境的影响,也受着网络文化环境的干扰。从社会现实文化环境来看,青年同时受主流文化和亚文化双重影响。虽然网络主旋律是积极向上的,但庸俗、恶俗、低俗等网络内容无疑会消解积极引导作用,无形中为犬儒主义滋生了"温床"。政府应加快网络治理的脚步,努力改善青年的网络文化环境,为青年营造风清气正、向上向善的社会文化环境。

# 第四章 积极 or 冷漠：青年的政治参与

## 引言：青年政治参与的冷与热

青年的政治参与，是指青年自愿通过各种合法方式参与政治生活的行为。随着互联网的发展和渗透，网络成为青年政治参与的重要途径，同时也给青年的政治参与增添了许多新的形式和内容。青年作为网络使用的主力军，政治参与呈现较为积极、主动的趋势。同时，我国综合国力的增强和国际地位的提高，青年对国家民族的认同感和自豪感也不断增强，文化自信逐渐树立，青年已经成为政治参与的实践者和推动者。然而，由于网络环境的虚拟性和隐蔽性，历史虚无主义和极端民族主义的渗透，青年个性和价值观的情绪化和不成熟等诸多因素，容易导致青年政治参与的随意化、戏谑化、偏激化等值得警惕的现象。当前青年政治参与的负面表现主要有以下五个方面。

### 一、政治愤青

主要表现为经常发表一些对党和国家不利的偏激言论，违背主流价值观。他们吐槽当前的遭遇，将失业、犯罪、环境污染、假疫苗假药横行、农村贫困等现实问题，以及自身的不如意，"甩锅"给国家、社会和体制。

## 二、低级红、高级黑

所谓"低级红",就是把党的信念和政治主张简单化、庸俗化,违反常理、违背常情。"高级黑"一般是表面上表扬和吹捧,实际上可能是通过华丽幽默的语言、两面派的言行,极端化地解读党的方针政策,在高级黑的外衣下,有意抹黑党和国家的形象。

## 三、正话反说

青年的表达欲望强烈,但尚处于弱势地位,对于国家大事既想大声发表观点和言论,又怕遭致抨击,于是经常借助"正话反说"的形式,将自己想表达的正面观点以相反或戏谑的形式来呈现,一般带有否定和讽刺的意味。如:这个学校可真民主,硬是要让我们填这个问卷调查,了解我们的意见。实际上表达的是:学校一点也不民主,存在走过场和做秀的嫌疑。

## 四、伪爱国

"伪爱国"青年们披着"爱国"的面具,打着"爱国"旗帜,实际上在做着伤害本国同胞、抹黑党和政府形象的恶劣行为,却标榜自己为"最爱国"的人。"伪爱国"有一种典型是标签式爱国,他们企图给外国器物贴上意识形态标签,小到见不得一件和服,大到抵制所有洋货。这一思想是缺乏开放包容心态的表现,一刀切进行"道德绑架",将爱国言行狭义化。

## 五、精日现象

"精日"分子迷恋日本流行文化,盲目崇拜日本,贬低中华民族,更有甚者明目张胆地颠倒黑白,美化日本侵华战争。譬如,在南京大屠杀死难者国家公祭日，有人发朋友圈"卖点日货压压惊"事件。高校中典型的"洁洁良事件"等。这些人在涉及政治事件时，表现出抬高日本、贬低本国的恶劣态度。

青年政治参与的负面表现，也让我们从中反思青年政治参与可能存在的一些问题。

一是青年政治参与呈现冷漠化。对于党和国家的政治政策、重大事件缺乏主动的热情，认为国家离我很遥远，国家的事与我个人没有直接联系，无关个人的切身利益。他们对政治缺乏主动表达意见和情绪的热情，认为政治是政治家的事情，在许多重大政治事件当中，选择在群体中保持沉默和保守。

二是青年政治参与呈现意见表达碎片化。青年乐于接受新事物，思维活跃且具有较强的批评性。网络空间中媒体形式多元，分布零散，内容良莠不齐，青年通过自媒体参与政治，发表对政治事件的看法和意见，其中的政治意见的表达往往过于零散，缺乏整体性、指向性。

三是青年政治参与呈现"群体极化"现象。青年在面对政治事件，特别是关系到教育等与之密切相关事件的时候，容易产生集体心理，看到问题时会呈现盲目的"一边倒"现象，在网络言论自由的推波助澜下，易于出现情绪宣泄等不负责任的言论。

四是青年政治参与呈现渠道多样化。青年习惯和偏爱于从网上参与政治事件的讨论和意见表达，微博、微信、贴吧等成为青年政治参与的主要途径，但这些表达意见的载体小众、认可度低、影响力弱，缺乏核心引领力，青年在这些纷繁复杂平台中发表的意见，难以受到重视和解决。

青年是国家的未来、民族的希望。青年兴则国家兴，青年强则国家强。随着改革开放的深化，中国与世界的联系更加密切，现代科学技术日新月异，市场经济迅速发展，使得中国社会发生了巨变。成长于国际交往日益频繁、互联网技术发达、知识经济与信息化不断发展的新时代,拥有丰富知识、眼界开阔的当代青年,其思想观念、思维方式、政治认同、政治参与均呈现出区别于其他几代人的新特点、新倾向。把握当代青年思想观念特征,加强青年的政治认同引导,对建设新时代中国特色社会主义、实现中华民族的伟大复兴具有十分重要的意义。

# "刘胡兰"离当代大学生有多远?

2017年5月30日,《中国国防报》头版刊发表评论,回应网传《请刘胡兰离我们的孩子远点》家长的来信,该评论引发了网友的热议。其中,@观察者网指出:军媒批驳"让刘胡兰远离孩子",让我们认清家长的国防教育不能松。该博文一发布就获转发842次,评论2130条,点赞509次。@共青团中央发布了相关博文,获转发547次,评论1705条,点赞2033次。

近来,社会上诋毁英雄人物的思潮频发。不少人从人体生理机能的角度,认为邱少云忍受火烧是不科学的。从历史事实角度认为董存瑞炸碉堡没有历史依据,还从莫须有的材料里捏造"刘胡兰有精神病"。更有人质疑"狼牙山五壮士"的英雄事迹是否真实。那么,到底是什么原因使得社会对英雄主义存在偏见?

## 一、对英雄主义存在误解的原因

### (一)英雄形象呈现出多样性

当代,泛英雄论思潮流行,商业圈的精英、娱乐圈的明星,一些名人、红人都被一概而论地称为"英雄"。这不仅混淆青年的视听,也在一定程度上误导了青年。在信息化社会,受到网络、电视、电影等传播媒介的影响,青年被各种娱乐节目包围,更多的关注度集中于娱乐明星,致使一些青少年痴迷于追求名人和明星,对英雄却不以为然。

(二) 英雄教育尚未形成体系框架

学校系统尚未形成完整的英雄教育体系,教育的功利化,致使教师和家长轻视英雄主义教育。大多数学校在英雄主义教育方面仍然停留在"喊口号"的阶段,没有"内化于心,外化于行",学生很难真正意义上理解英雄,培养英雄主义情怀。

(三) 英雄事迹被过分拔高

无论是教科书还是影视作品,编制人都只展示完美的英雄形象,导致英雄远离实际生活,难以效仿。在树立伟岸的英雄形象过程中,有时为了追求片面的完美,添油加醋地对英雄事迹肆意夸大,不合实际地拔高英雄形象。这些神化了的英雄人物,不仅脱离了当下的时代特点,更减弱了青年对英雄的认同感。

(四) 西化思潮的冲击

当下,中国正处于社会转型、文化碰撞和价值冲突的阶段,经济全球化、政治多元化、信息网络化及市场扩大化,导致价值信息冗杂难辨。西方发达国家运用多种手段对青年进行西化渗透,一方面利用动漫影视作品树立西方超级英雄形象,另一方面通过诋毁中国英雄的历史虚无主义对青年思想进行渗透。

## 二、和平年代如何进行英雄主义教育

(一) 英雄主义教育应"成体系"

英雄主义教育是一种历史观和价值观的教育,需要有完整、专门的教育体系作保障,才能发挥更好的效果。因此,国家要加强对英雄主义教育的管理,努力构建协调一致、相互衔接、健全齐备的专门化的英雄教育体系。① 学校层面，应引导青少年学生积极学习英雄的伟大事迹及崇高精神，增加对英雄的认知与了解，树立起正确的英雄主义价值观。英雄主义教育不仅仅只是思想政治教育课的主要教育内容，更应该融入各类课程之中。

（二）英雄主义教育应"接地气"

英雄主义教育的生命力在于其真实性。英雄形象不可能是完美无瑕的。英雄之所以值得青年学习，并不在于他的完美形象，而在于其独特的闪光点和优秀品质。因此，宣传英雄形象的时候，避免人为的夸大。只有还原真实的英雄形象，使英雄符合人性特征，体现出英雄的"真"，才能增强英雄的吸引力和感染力。在英雄主义教育中，应当发掘其现实价值和生活意义，开展积极有效的英雄主义教育，培育正确的英雄观。

（四）英雄主义教育应"有新意"

新闻媒体可以通过新媒体、新技术、新手段来宣传英雄事迹，可以借助清明、国家公祭日、国庆等重要时间节点，以网上祭英烈等多种方式，营造"人人崇尚英雄，人人争当英雄"的良好社会风尚。宣传部门可以通过文艺的形式宣传英雄形象，例如将英雄形象加入到电视、电影、评书、快板、故事及小品当中去，用优秀的文艺作品、鲜明的英雄形象教育感染当代青年。

## 伪历史剧，真的只是伪了历史？

2017年3月，一部反腐题材电视剧《人民的名义》掀起全民追剧

---

① 宇文利. 中华民族永远需要英雄 [N]. 中国教育报, 2015 - 09 - 16.

的热潮,尤其受到年轻一代的喜爱,被网友评论是一部向年轻人弘扬主旋律、传播正能量、重塑三观的良心正剧。《人民的名义》这股影视文化的清流给如今手撕鬼子的"魔幻"抗日神剧、漏洞百出的伪历史剧泛滥的劣质剧作市场重重一击。正如有网友评论的那样:"90后不是不喜欢正剧,只是过去几年的雷人抗日剧的'现实'作品比魔幻还假"。一些抗日神剧、伪历史剧内容违背史实,违反常理常情,对青年正确价值观、历史观塑造产生不良影响。

(一)舆论观点

1. 对伪历史剧的出现表示理解,认为有需求就会有市场

一是认为伪历史剧是市场资本逐利的结果,电视剧仅供娱乐消遣,该类剧也是观众喜闻乐见的。@笙箫:伪历史剧不过是夸张了历史,大部分还是符合事实的,再说了,电视剧本身就是娱乐,掺杂娱乐性本就无可厚非。二是认为伪历史剧满天飞的问题不在演员身上,演员的职业只是演戏,演员参演什么类型的电视剧是他的职业选择和行为。@甜甜的橙子小姐:要知道有不少演员连戏都没得拍,对于那些十八线的演员来说,吃上饭是更首要的选择。@嘎学大师:地方台每年必须播出多少小时的抗日题材电视剧都是有指标的,如果国家新闻出版广电总局不通过,他们就没剧播了。

2. 批驳伪历史剧过分追求眼前利益,忽视对青少年成长的影响

一是表示演员应该注重自身的文化修养,自觉朝着德艺双馨的方向发展。而文化企业不仅要看经济指标,更要看怎样用精品去丰富人民精神文化生活,为社会贡献了怎样的正能量。伪历史剧制造一大堆错误史实,不但是对真历史的侮辱,也是对观众智商的侮辱。二是表示青少年一代对文化的认知大都源自历史剧,博眼球、刷收视率的伪历史剧会影响青少年的历史和价值认知。浙江大学人文学院教授盘剑指出,可以对历史进行艺术演绎,但对历史的演绎要有底线和规则。无论如何解读历

史，都不能改变历史留存下来的真面貌。

3. 质疑影片审查的力度和严谨性

部分网友质疑国家新闻出版广电总局审查影片的力度和严谨性。2005年，国家新闻出版广电总局宣布了9项扶持现实剧的措施，比如在电视剧题材规划立项审批中，适当放宽现实题材的审批，这使得不少抗日神剧有了可乘之机。@哈密瓜咯：抗日剧相比其他剧更容易通过国家新闻出版广电总局的审核，况且只要有一分钟的神剧情，就能让不知名的剧和导演同时火起来。

（二）伪历史剧对青少年的不良影响

1. 导致产生轻视战争的错误认识

抗日神剧一再夸大抗日英雄们的丰功伟绩，一味迎合观众的娱乐需求。网友表示：剧情中，鬼子要么傻，要么不结实，一名红军战士就能徒手杀死10个鬼子，只要稍用战术，鬼子就被骗进包围圈，中国人民不费吹灰之力就能将鬼子打跑。这种"傻白甜"式的战争场景和剧情设计，无法真实反映战争的残酷性，更无法起到爱国主义教育的目标。抗战剧不是虚幻的武侠故事，也不是梦幻的童话故事。长达14年的抗日战争是艰苦卓绝的，这是我们要让下一代正视的历史事实。

2. 泛娱乐化易淡化忧患意识

影视作品是一个国家文化软实力的体现，对青少年的思想产生潜移默化的影响。抗日神剧与历史事实大相径庭，必定会麻木青年一代人的思想，丧失辨别是非的能力。遮掩历史事实，美化民族战斗力，是精神懦弱和轻浮的表现。颠倒历史，向青少年注射精神麻醉剂，这种精神胜利法会使年轻的一代在安乐中失去斗志，丧失忧患意识。一个国家只有正视历史，才能造就理性的爱国者。

3. 误导缺乏辨别能力和正确历史观的青少年

青少年在看历史剧时，也在潜移默化地吸收着其中的文化信息。青少年的历史知识还不完善，没有信息辨别能力，大量违背事实的抗日神剧、伪历史剧将会误导青少年的历史观。

（三）现象启示

1. 学校及家庭

一是明确界定边界，让青少年意识到情爱、武打、警匪等内容只不过是人的性、攻击、破坏等本能欲求的"替代性满足"，适度拒斥"无脑快感"，更应该在社会规则和法律准绳之内"释放天性"，培育起青年的公共理性思维。

二是加强美学美育，引导青少年在欣赏历史剧的过程中树立正确的美学价值观，既不美化暴力行为，也不应宣扬种族歧视，更不应该利用课堂对罔顾历史事实的"戏说"内容进行"洗白"。相反，教师和家长应该通过趣味性演绎历史著名场景，从细节中培养青少年对历史的兴趣，深化其人文精神内涵。

三是通过组织革命主题、历史主题的社会实践活动，讲好传奇英雄故事，讲透革命浪漫主义，讲清事件历史背景，将基本精神价值和现代观念融会贯通，增进青少年树立为和平事业奋斗终身的决心。

2. 文化企业

一是注重差异化和创新突破。历史剧既要坚持大是大非的前提，又要避免"脸谱化"的形象塑造，应对人性的复杂展开细腻的刻画，使得人物饱满、形象立体、情节生动。对此，应该在学习和借鉴国外同类型题材优秀作品的基础上，突破历史剧传统的叙事框架，讲好中国故事，传递好中国声音。

二是尊重历史和人文精神。历史剧不应成为纯粹的政治附庸和扩音器，而应该在作品的立意、主题和内涵上深入挖掘。这就要求制作方不仅要表现出真实的侵略历史和民族苦难，更应该深化反对战争、尊重生命和追求和平的世界观，超越非此即彼的二元价值判断。

三是注重作品内容建设,牢固树立精品意识,注重口碑营销。在兼顾商业盈利的同时,历史剧类作品更应该强调"以质取胜",强化责任感和艺术追求,实现从"重市场"到"重口碑"的转变。在此基础上,也应提高作品的制作水平和艺术水准,建立起长效、持续的作品输出机制,实现文化增益。

3. 监管部门

一是提高历史类题材作品的审核标准,对作品的审核从主题思想、人物台词、故事情节等方面,拓展到对服饰、妆容、道具、场景等内容,尊重史实,还原历史。同时,在把好质量关的同时,可以适当放宽优质影视公司的准入门槛,扩大题材选择范围,避免选材扎堆。对内容质量不过关的"雷剧"和"神剧",应责令整改或叫停。

二是探索当前行政管理为主导的影视作品审查机制,改变为法律制约、行政监督、行业自治的作品分级审核制,建立与之相适应的历史剧评价体系,除了票房和收视率等"硬指标",也应考虑将自媒体平台的影评机制纳入考量,及时跟踪影评动态,构建起以"民众口碑"为导向的历史剧评价新模式。

三是完善历史剧行业的产业模式,构建专业且多元的内容生产机制,改变"一家独大"的历史剧产业格局,构建跨媒体、跨地域、跨平台的产业链,实现提质增效。

## "诋毁英雄"式新型历史虚无主义

2016年9月20号,法院判决孙杰(新浪微博@作业本)和加多宝公司公开发布赔礼道歉公告,消除影响,向邱少云烈士亲属赔偿精神损害抚慰金1元。曾拥有890万粉丝的新浪微博大V@作业本(现已被新浪微博销号)曾发文称:"由于邱少云趴在火堆里一动不动最终食客们拒绝为半面熟买单,他们纷纷表示还是赖宁的烤肉较好。"该微博被转评多达3万余条,并获得近6000个"赞"。随后,加多宝公司官微账号转发该博,特意致谢@作业本,以戏谑的口吻封其为"烧烤大使",承诺开店十万罐免费送,并配了一张与文字内容一致的图片。

### 一、"诋毁英雄说"网络历史虚无主义概况

从该案中可看出,互联网由于管制宽松、发帖门槛低、易删帖灭迹等特点,因此充斥了更多的低级谣言段子、文章。网络公知大V(如本案中的@作业本)和大批营销号(如@回忆专用小马甲)恰恰利用这一弱点,反复制造"洗脑文",利用新媒体散布和传播历史谣言以及错误信息,制造思想混乱和舆论攻击等,对国家民族的历史及历史人物进行不符实际的歪曲和否定。

(一)网络大V热衷炮制"诋毁英雄说"原因

一是诋毁英雄成了不良网络大V谋私求财的绿色通道。网络大V掌握着一些新兴媒体舆论工具资源,并抢占了微博、微信等舆论阵地,纠集网络写手及水军,制作丑化、滑稽化历史人物、历史事件和英雄的文章、视频,借此吸引眼球,彼此相互造势,提高网站或自媒体点击率、知名度,攫取高额流量费和广告费,以期拓展隐性利益。

二是扶植诋毁英雄的网络大V成了"双面人"或境外"代理人"开辟隐性思想渗透的"第二战场"。在舆论场中部分网络大V受到境外势力资助,充当着西方在我国境内的推行"颜色革命"的文化渗透和颠覆政权的代言人,成为一部分人的意见领袖,并且企图通过网络上的舆论战制造当代青年人思想领域的混乱。

三是诋毁英雄成了某些大V调侃"笑料"、政治站队的精神鸦片。部分大V自诩为"精神领袖",口无遮拦,凭借网络上的特殊身份和职业影响力,打着抵抗"文化集权"的旗号,以崩塌民众心中的偶像为

荣,以摧毁国家精神坐标为傲,甚至把"污名化"英雄人物作为标签进行政治站队,划分"势力范围",成为低级娱乐的宣泄口。

(二)网络大V"诋毁英雄说"常用手段

一是以西方霸权文化通过网络强势压迫、同化民众心理。西方无休止地放大中国具体的历史事件,让民众"心甘情愿"地介入舆论风暴参与讨论,进而被同化到普世价值中。

二是以生动形式戏说、曲解碎片化历史博取关注。以编段子、讲故事的生动形式出现,以重读、反思历史为幌子戏说、恶搞历史,从而传播碎片化的甚至扭曲的历史。

三是以"专业权威"姿态渲染消极意识形态氛围。利用网民的好奇和围观心理,通过伪造持不同说法人士的"回忆录""真话""独白"引发不满,加剧社会撕裂。

四是以极端化情绪引诱民众负面情绪形成心理共鸣。网络水文中,真假文本交叉运用,史料与戏骂掺杂配合,通过渲染、夸大、暗喻与联想,构造"谎话中国"的今世印象。

五是以言论自由、学术无禁区为借口煽动民众否定历史,唱衰中国。部分网络大V打着学术讨论的幌子,煽动民众片面热烈讨论,任由水军带偏,以"愤青"营造出拳拳之心为祖国的假象。

(三)网络大V"英雄诋毁说"重点攻击对象

一是贬低抹黑中华民族的历史和先烈,否定革命历史,怀疑历史人物;二是直接诋毁中国共产党党史和领导人,特别是制造各种政治阴谋论、政党迫害论等动摇民众对党的领导集体的信任;三是为中国共产党的"对立者"翻案、美化,编造各种"故事"或者创设各种"情境"为之洗白。通过上述途径大肆传播唯心史观,意图通过传播速度迅速的网络发动舆论战,瓦解当前中国人的民族凝聚力,进而颠覆中国的共产党政权。

## 二、网络大 V "诋毁英雄说"运作机理

### (一) 网络大 V "诋毁英雄说"传播链条

第一链：以所谓的"科学"否定爱国行为

消解英雄和爱国行为是惯用手法，且通常在网络上会被披上"科学"的外衣，并通过耸人听闻的标题混乱民众思维，以被粉饰包装的"客观科学"随意解析甚至扭曲英雄行为。如军校学生质疑邱少云在烈火中一动不动违反生物学。

第二链：以所谓的"摆拍"质疑英雄造假

质疑英雄事迹照片是"摆拍"，质疑宣传照片是以现代 PS 技术移花接木而成，从而引导网络舆论推导出"英雄模范普遍造假"的结论，刻意放大宣传工作中的盲点、污点，让民众不再相信党和国家的正面宣传。如网友质疑"雷锋做好事不留名"为何留下无数照片。

第三链：以所谓的"假设"否定历史规律

历史虚无主义者擅于抓住对党的执政地位、社会主义道路"合法性""合规律性"的质疑心理做文章，通过所谓"揭秘""真相"为题的自问自答方式，编造具有耸动性、颠覆性的网文，主观臆论"假设"之下可能的结果，以此来否定历史规律和党的执政地位。如"假设"南京国民政府没有败退台湾前提下的大陆政体发展趋势。

第四链：以所谓的"人性"否定革命战争

利用网络的匿名性、煽动性，单凭个人想象和喜好，任意曲解、否定革命斗争对中国社会发展的巨大作用，以所谓"人性"来宣扬"告别革命"，诋毁、嘲弄、批判革命斗争。如网传八年抗战共军仅斩杀 851 个日本侵略军的可笑文章。

第五链：以所谓的"阴谋"扭曲思想斗争

通过设置各种颠覆常识、突破认知的网文标题大搞噱头，迎合网民

的猎奇心理,常把党内正常的思想斗争,说成是领导层之间的私人恩怨,是争权夺利的黑暗产物,把一部党史和革命史描黑成一部钩心斗角的"阴谋史"。

(二)网络大V"诋毁英雄说"流行原因

一是表达方式上注重质朴性和夸大性。"诋毁英雄说"以一种接地气的方式出现,图文并茂戏说、恶搞英雄人物或者历史事件,或以一种科学、民主的姿态和真假参差内容告知民众,又或者为了博取关注,网络营销号时常以一种尖锐、极端的语气阐述,让民众阅读时内心充满愤慨,认为只有"毫不留情"地"批判"才能正面历史"事实"。

二是情绪渲染上注重引诱性和助推性。通过"公知大V"和"知名人士"等账号义正词严地推送出一些负面的、颠覆性的八卦内容,激发民众爆发出不满的言论,引诱民众滋生负面情绪,并通过水军将影响范围进一步扩大,使民众在网上言辞激烈甚至在线下也通过各种形式诉诸,积聚偏激不满的反社会情绪。

三是氛围营造上注重欺骗性和利益性。意见领袖和网络推手迎合了"公民意识"尚不发达的特点,迎合民众无知无畏的一面,以各种歪曲的"口述秘闻"使民众产生非白即黑的极端态度,并且把这种"愤青"的极端言论,包装和赞扬为民众对国家发展的高度关切,让爱国热情在偏激中偏离消减。

四是传播路径上注重碎片性和隐蔽性。网络水军充分利用"碎片化"特征,把一些历史事件断章取义、随意剪裁,用小细节来歪曲大历史,随心编造、篡改历史情节,曲解历史本质。同时,这些被任意粉饰过的网文通常集中在微信、微博、朋友圈中,需要加入其中才能阅读、评论和转发,"圈子"现象明显,易强化特定群体的刻板偏见。

五是包装营销上注重煽动性和针对性。网络大V深谙网络传播的"搏出位""赚眼球"之道,往往在标题上下功夫,有针对性地选择在民众心中更具精神价值意义的热点话题进行"翻案""解密""起底""爆料",进行"解析",设置语言和思考陷阱,形成负面声音,进而煽动一些"求异"的人扩大影响。

### 三、网络大 V "诋毁英雄说"对策建议

(一) 政府部门

一是要充分利用大数据时代网络信息技术的舆情搜集、检索和监控功能。各级宣传工作管理部门要积极研发网络意识形态舆情监控系统,实现网络意识形态舆情监控全覆盖。①

二是要加强网络基础设施建设。各级党委和政府职能部门要通过运用技术手段提高对宣扬历史虚无主义错误思想的信息及时发觉、跟踪、屏蔽、删除并阻断其传播的能力,通过激励机制鼓励网友进行举报,对管理范围内的网站、微博、论坛、微信公众号进行有效监管。

三是要建立健全惩戒机制。国家有关监管部门可依据法律法规制定《公民网络言论和网络行为规范条例》,对在新媒体网络空间公开虚无民族史、党史、国史,攻击社会主义制度,以语言暴力对抗党和国家路线、方针、政策的党员领导干部及历史虚无主义的主要传播者,要依法依纪依规追究其责任,关闭相关账号。②

(二) 教育单位

一是要重视地方史的修撰和研究工作。各级教育职能部门要保护好本地区的优秀历史古籍,对抗战文化、新民主主义文化、社会主义文化要加强研究,推进史料的收集、整理和出版工作,形成文字、图片和视频资料。

---

① 李菱. 如何看待中国当代社会思潮及影响 [M]. 北京:人民出版社,2018.
② "历史虚无主义研究"课题组. 怎样才能做到历史清醒 [M]. 北京:学习出版社,2017.

二是要针对被历史虚无主义者虚无和歪曲的历史内容，有的放矢地开展拨乱反正工作，通过各种媒体阵地对这些历史事件和历史人物进行正确而广泛的宣传，帮助广大人民群众形成正确的思想认识，自觉地摒弃和批判历史虚无主义的错误观点，从而减少其对广大网民群众的消极影响。①

（三）新闻媒体

一是直接回应，就事驳言。媒体必须敢言、能言、善言，敢于做向历史虚无主义者开炮的斗士，斩断扩散链条，并成为揭露历史虚无主义者险恶用心的先锋。

二是要打造符合人民大众接受习惯的新媒体传播阵地。建设历史专题网站，利用图片、视频、文字、微电影等丰富多样的载体形式吸引目光，激发广大网民群体主动学习的兴趣，通过教学素材的生动性提高历史教育的效果。②

## 精日现象解读：从何处来，到何处去？

近年来，网络上出现个别青年学生散布日本人优越论，以极端言语侮辱咒骂自己的同胞，暴露出"精日"现象的问题。2018年，"精日"现象引起社会的关注和热议。从2018年春节期间两人身着侵华日军的军装在南京紫金山抗战遗址前摆拍，到有人在微信群中发布"南京杀三十万太少"等言论，谩骂、侮辱南京大屠杀死难同胞，再到厦大"洁洁良"事件，国庆期间某企业营销人员身着日军服装在闹市区招摇，湖南高校"精日"新生网络发表辱华言论等事件，都显示出"精日"分子

---

① 李菱. 如何看待中国当代社会思潮及影响[M]. 北京：人民出版社，2018.
② 李菱. 如何看待中国当代社会思潮及影响[M]. 北京：人民出版社，2018.

错乱迷失的身份认同、颠倒是非的历史认知和媚日辱国的扭曲价值取向。2018年全国"两会"期间，外交部长王毅在接受记者采访时，怒斥这些"精日"分子是"中国人的败类"。@央视新闻 发布的《王毅怒斥"精日"分子：中国人的败类！》的微视频，获赞11万。

## 一、"精日"问题症结何在

"精日"分子的一个共同点在于：这些个体尽管在生理或社会关系方面和自然以及法律意义上的"日本人"没有任何真实关联，但在精神层面的自我认知上，却将自己设定为是日本人。① "精日"是一种民族精神与人格的异化现象，那么滋养"精日"现象成长的土壤何在？

### （一）历史土壤

从深层次来说，"精日"分子的产生，与日本在帝国主义时期对外扩张和殖民过程中的特殊政策紧密相关，即在文化认同上对控制地区的民众进行人为改造，以隔断原有的文化属性并使之在精神上延伸成日本人。"精日"现象是一种典型的历史虚无主义。以往的历史虚无主义表现得较为露骨、显性、直接，并且明目张胆地否定革命、曲解历史、丑化领袖。这样的历史虚无主义的确是极易被人看穿识破，俨然已经"过街老鼠"般的存在。"精日"分子通常借助事件节点，通过恶搞等方式博人眼球，让本来应该是一片和谐的宣传以及活动中出现一些不和谐的声音，大家自然将关注点转向这件事，具有更强的隐蔽性和欺骗性。

### （二）网络土壤

互联网虚拟空间为"精日"分子提供了隐蔽聚合平台。随着互联网的发展以及网络平台的建设，"精日"分子利用互联网信息传播的快

---

① 沈逸.如何治理走进公共视野的"精日"[N].环球时报，2018-05-15.

速、交互性等特点，蓄意制造思想混乱，挑战文化自信和民族自尊的底线的内容，以一种主动挑战共同价值观的激进方式进入公共视野，日趋直接地冲撞并突破正常社会行为底线，侵蚀大家的思想以及固有的价值观念，潜移默化地重塑青少年的观念。近年来，随着日本动漫产业的发展，不少中国青少年成为日本文化的"死忠粉"。不少动画和游戏存在过度推崇日本文化，隐含辱华反华言论等问题。因此"动漫界"成为了"精日"分子聚集的大本营和粉丝团。同时，作为日本动漫产业的附属文化，"角色扮演"活动（Cosplay）在中国迅速发展。在部分"精日"分子处心积虑地宣传动员和组织策划下，穿日本昭和服装、佩戴日军小饰品及化装扮演日系人物的行为，逐渐从线上走向线下，掀起一股以"模仿侵华日军"为热潮的"Cosplay日军风"。

（三）技术土壤

在这个信息爆炸的时代下，互联网可以满足青年群体对信息的需求，但是在海量的信息中青年群体为了能筛选出真正符合自己需求的信息消耗了很长时间。这时候就有客户端将算法推荐引入到了信息的传播中，通过对青年群体的行为数据进行分析和了解用户的需求，以此来推荐满足青年群体需要的信息，给青年群体带来个性化的信息阅读体验。但是就是这样一个初衷如此美好的技术运用，在给青年群体带来便捷的同时也给"精日"分子的滋生提供了土壤。在媒介技术的推波助澜和算法推荐技术的"投喂"下，导致舆论空间"劣币驱逐良币"的现象凸显，大量失真的信息、低俗的内容视频出现在青年群体的视野，让"精日"文化有机可乘。

（四）媒介土壤

新媒体平台为"精日"现象提供传播途径，新媒体平台下的意识形态传播更能够赢得青年的认同感以及情感共鸣，"精日"现象被别有用心的人捕捉，并且通过嫁接、转发、鼓吹和剪辑来吸引青年关注，在他们群体中发酵和扩散，腐蚀其心灵，颠覆其价值，削弱其道德意识和责任意识，形成重大的社会负面影响。本质上说，在青年群体中频发的精日现象，其实就是一群受到不健康的非主流意识形态的侵蚀导致精神上认为自己是日本人并且热爱日本，讨厌中国以及中华民族的青年，比较典型的事件是厦门大学女研究生辱华，在社会上引起了很大的轰动。

**二、"精日"问题的治理路径**

"精日"分子迷恋日本流行文化，盲目崇拜日本，贬低中华民族，更有甚者明目张胆地颠倒黑白，美化日本侵华战争。这些都给青少年成长，特别是对青少年树立正确的国家观、民族观、历史观和文化观，带来极大危害，必须引起高度关注和警惕。

**（一）划红线：立法严惩"精日"**

"精日分子"损害公序良俗，法律不应缺席。因此，重中之重是构筑法律体系，亮明法律底线，从立法层面进行严惩，形成法律威慑力。明确宣布"精日"言行是非法的、不允许这种行为在公共场合发生，不能进入到公共空间和娱乐空间，共同维护公序良俗，强化我们的民族自豪感、凝聚力、向心力。同时要加强网络管理，及时发现"精日"分子聚集场所，坚决防止"精日"群体在网上发展壮大。

2018年两会，38位全国政协委员联合递交了一份"制定保护国格与民族尊严专门法"的提案，呼吁从立法层面对"精日"行径予以严惩。中国人民抗日战争纪念馆、侵华日军南京大屠杀遇难同胞纪念馆、沈阳"九·一八"历史博物馆也于3月10日共同发布声明，呼吁完善相关法律，加强抗战历史教育，弘扬爱国主义主旋律，营造良好的网络舆论生态，抵制历史虚无主义、戏说等各种歪风邪气。

**（二）举旗帜：坚定信仰明"航向"**

"要高举马克思主义、中国特色社会主义的旗帜，坚持不懈用新时代中国特色社会主义思想武装全党、教育人民、推动工作,在学懂弄通做实上下功夫"。"精日"现象凸显了当前我国部分民众尤其是青年人历史观淡漠、混乱,价值取向严重错位,精神"缺钙"的问题。要高举旗帜,加强理想信念教育,坚持唯物主义历史观,旗帜鲜明地坚持真理,立场坚定地批驳谬误。同时,要优化大学生党员发展工作的措施,始终坚持把政治标准放在首位,避免片面化现象,提高大学生对党的理解认识,避免功利化倾向,完善党员发展机制,优化党员教育培养。

(三)正风气:教育引导以"树人"

除了通过立法对"精日"行为进行严惩,还应抓好教育引导,把"精日"这股歪风邪气纠正过来,从而营造良好的社会风气。"精日"群体多半是出生在改革开放后的年轻人,历史感知与人文情感相对欠缺,在新媒体条件下接触境内外各种不良信息与文化渗透,容易出现历史虚无主义倾向。所以,如何在互联网渗透95后青年成长过程的方方面面的时代背景下,进行高校爱国主义教育是当下高校、思政课教师以及辅导员必须重视的问题。高校要加强青年文化建设。有效挖掘各种文化资源,营造良好的文化环境,满足青年日益增长的精神文化需求,避免其"误入迷途"。充分利用红色文化资源对学生进行红色文化教育和革命传统教育,要深入挖掘红色文化的内涵,让学生通过参观革命遗迹、观看革命电影等形式,在体验式的教育中树立爱国主义情怀。同时,要抢占文化阵地,搭建互联网工作平台,激活教育的内生动力。

## 高校学生党员群体中的"两面人"

2018年4月19日,网络举报某某大学环境与生态学院2015级在读研究生田佳良(网名@洁洁良)在微博上发表"恶臭你支"等辱华言论。经查，其本科期间担任过院学生会副主席，是学院内第一批入党对象。研究生期间，担任学院 2015 级硕士生第三党支部书记。其后，网友曝光其发表论文和毕业论文大面积抄袭剽窃，男友赵郁鑫存在类似辱华情形，要求严惩。23 日，某某大学发布官方通报，将给予该生留党察看、留校察看的处分。该处分结果引发网民极端不满，由此引发了网友对学生党员"两面人"现象的热议。

### 一、学生党员"两面人"脸谱特征

"两面人"即指学生党员存在说一套做一套、表面一套背后一套、台上一套台下一套等言行不一的情况。

（一）对人讲纪律，对己搞变通

部分学生党员表面上大喊与党中央保持一致的口号，背地里大搞"上有政策、下有对策"的折扣变通。同时，利用学生干部等特殊身份不受纪律约束，甚至私下妄议党的理论和路线方针政策。

（二）嘴上勇于担当，心里怯懦避让

部分学生党员在大是大非面前态度暧昧，容易被网络错误言论所左右。当党和国家形象受到破坏，或在涉及原则性问题的政治挑衅面前明哲保身。同时，口口声声无私无畏，但却优先考虑自身利益，患得患失，多付出即觉吃亏。

（三）对上反"四风"，对下耍威风

部分学生党员作为学生干部，追求轰轰烈烈的形式，喜欢用光鲜亮丽的外表掩盖矛盾和问题，对上阿谀奉承，大搞无原则的服从，但对下颐指气使，方法简单粗暴。在组织活动时欺上瞒下，自己拈轻怕重、贪图安逸。

（四）台上高谈马克思，台下迷信风水师

部分学生党员丧失政治定力，人前大讲共产党人的理想信念，背后却以批评和嘲讽马克思主义为"时尚"、为噱头。考试当前,不是认真复习,而是求神拜佛"求过""求保佑""求考神附体",大搞封建迷信。

**二、防范学生党员"两面人"现象需要做到"六个必须警惕"**

学生党员是学生中思想先进、影响力较大、号召力较强的群体,具有典型的"榜样引路"示范效用。如果频频被曝光"两面人"事件,将削弱普通学生对党员的信任,对党组织的向往,损害政党形象,防范学生党员"两面人"现象需要做到"六个必须警惕"。

(一)必须警惕煽动街头政治

警惕不良势力利用高校文体活动,假借各类讲座,刻意列举在科教文卫等公共问题上的个例事件、极端事件,诱导学生党员形成对政府执政不力的负面印象;假借提供实习、宣讲、参观体验等机会,接触学生党员,培养骨干力量和院、校、班不同层次的代言人,通过放大网络事件,煽动学生党员对现实社会不满,为街头运动做舆论准备。

(二)必须警惕通过资本渗透网络生态圈

一些商业门户网络平台受外资影响严重,舆论导向出现偏差。外资公司借助网络推广、水军灌水、大V助推、微信圈分享、免费体验等方式拉拢人心。学生党员思维活跃,消息灵通,容易被"集赞免费""转发抽奖""评论截图返现"等方式腐蚀理性,使之盲目转发"公知""大V"的错误言论,成为负面价值的传声筒。

(三)必须警惕极端思潮平台聚拢学生党员

学生党员热心时政,积极参政议政,而境外势力则通过扶植西方舆论代言人,建立诸如"纳吧"("纳粹吧"简称)、"支吧"("支那吧"简称)等极端思潮平台,放出所谓的"中共秘闻"吸引学生党员浏览阅读,在潜移默化中影响学生党员对党史国史的价值判断。

### （四）必须警惕利用校园招聘诋毁国企制度和公有制基础

境外势力和外资公司在校招宣传的过程中不断进行舆论渗透，诋毁国有企业效率低、工资低、待遇差、壁垒森严，鼓励优秀学生"不要在国企浪费生命"，宣传私企的高效率和高福利，对关系国计民生的国有企业和公有制度进行抹黑。

### （五）必须警惕对特殊学生党员群体的策反行动

高校学生党员群体中，学生干部、学生组织成员、少数民族青年、信教青年等，因知识结构、特殊地域、民族身份等特点，更容易成为境外势力重点加强渗透的对象，诱导其通过微博、微信、论坛等社交媒体发表对现状的不满，发泄"哀民生之多艰"的负面情绪。

### （六）必须警惕对境外访学人员进行渗透

一些势力通过提供出国访学机会和经费等方式，对部分学生党员进行意识形态渗透，招募其通过网络发帖散布谣言，诋毁党和国家领导人，传播普世价值。

## 警惕面具背后的"伪爱国"

2019年，各类D&G辱华事件、瑞典辱华事件、韩国YG事件、ZARA雀斑模特事件、VOGUE中国脸模特事件、砸车事件、家乐福抵制事件、情绪激动的保钓事件……伴随着"辱华"舆论的热潮，网上的爱国和"伪爱国"现象频频发生，相互交织，不易辨别。2019年3月3日，美国版《VOGUE》杂志在官方Instagram上分享了一张中国模特的照片，该模特具有罕见的很宽的山根、远距离眼距和细长的眼睛。图片配字称：这位叫Qizhen Gao的女孩"带着一种独特的吸引力"。对此，一些网友将其解读为是对亚洲人的歧视行为，部分大V也将其当作一件蔓延出时尚界的政治事件，引发人们对"伪爱国"的讨论。微博话题#VOGUE 中国模特#阅读量 8746.1 万，讨论留言 3874 条。

当前，"伪爱国"已成为当前影响我国公民意识形态和社会稳定的常见现象，它经常隐匿于各种"辱华""民族主义""抵制外国货"等舆论中，逐渐成为一种风气。"伪爱国"者们，披着"爱国主义"的外衣，处心积虑制造舆论，借"爱国之名"行道德绑架、伤害同胞、破坏社会、损害国家利益之事。青岛丰田 4S 店被"爱国者"焚烧、蔡洋砸死拥有日系车的车主李建利、何引丽在比赛中扔国旗被指责"不爱国"事件、某些企业强制禁止员工购买苹果手机等一系列的冲动和野蛮事件，已经严重扰乱了社会治安，对人民财产和生命安全造成了严重危害。同时，一部分人利用互联网、在新媒体平台上恶意传播不良信息、利用"爱国""非理性民族主义"等污染社会主义文化、对我国意识形态安全造成潜在威胁。

**一、"伪爱国"的表现**

（一）一根筋式爱国

目前，存在这一类一根筋的"爱国"者，他们容不得别人说一句国家的不好，爱国就是要爱它的全部，不能批评。这实际上也是非理性民族主义的一种表现，他们相信国家是唯一值得追求的目标，他们维护自己的国家的利益，容不得一点对自己国家的质疑。他们缺乏辩证思考能力，伴随着极强的排他性和民粹化暴力，常将"爱国路径选择"的差异，轻易地、简单化地转化成"爱国/不爱国"的二元之别，借此完成对异己同胞的道德围剿和批判。

（二）口号式爱国

这一类"爱国"人士，嘴上挂满爱国的口号，如"为了祖国的统一大业，我们应该早日武力解放台湾""抵制日货，打死你们这帮崇洋媚外的慕洋犬""中国应派兵收复南海诸岛"等，每当出现一些与国家、政治有关的事件时，他们就大喊"爱国"的口号，大喊"抵制代购""坚决不用日货、韩货"，没有对国家有益的实际行动。甚至还有一种更加恶劣的"伪爱国"者，他们表面爱国，但实际上却做着对国家有害的事情。小到不爱护环境、不遵守规则，大到打着"爱国"的名义做违法犯罪的事情。在这些人眼里，只要他"爱国"了似乎就可以登上道德的制高点，就可以摆脱一切道德和法律的约束羁绊。以爱国的名义犯罪的典型是90年代"中国第一大毒枭"刘招华，在回答关于贩毒的动机时，说"我生产冰毒，没有害国人，都是外国人消费。以前外国人用鸦片打开中国的大门，我现在要用冰毒打开他们的大门。"

（三）流氓式爱国

依仗"我爱国我有理"的道德高点，利用互联网进行道德攻击和绑架，一有涉外的热点新闻或事件，一些社交平台马上一哄而上，打着"爱国"的旗号，发帖强制转发。如朋友圈经常出现的"不转就不是中国人""不转枉为中国人，与汉奸无异"等绑架式的文字。近年来，围攻肯德基门店，围攻苹果手机门店，砸车，抵制美货、日货等事件屡见不鲜，他们没有意识到，打砸国人拥有的进口货物，实际上毁坏的是国人的财产，在根本上是对同胞的一种恶劣的道德绑架，同时也把对国外的仇恨转向了对国人的强迫和侵犯。这不但不是爱国，反而是一种缺乏道德约束的"流氓式爱国行为"。每次风波过后，曾经抵制外国货的"伪爱国"者们，很快卸下了这种情绪，他们依旧乐此不疲购买外国的产品，对外国的高科技和各种奢侈品趋之若鹜，甚至崇尚和传播外国的拜金主义、利己主义等错误的价值观念。

（四）跟风式爱国

时下有这么一群人，其实参与其中的一大部分是缺乏自己独立的思考和判断，被身边的人和网上的言论迷惑，觉得大部分都在这么说、这么做就是正确的爱国言行，自己只有这么做才能表现出自己的爱国情感，于是跟风、盲从。如当时乐天事件，一则新闻在朋友圈大量转发：看到消息没辨别真伪就立即转发。由于一直深陷在"伪爱国"的集体和陷阱中，缺乏个人思考和辨别，他们被嵌入到少数人有意识煽动和集体无意识行为中。这样的跟风式爱国，在很多时候，成为了扰乱社会和危害他人的一把利剑，反而对自己的国家造成伤害。

（五）利益式爱国

有一些人或者媒体把爱国当作生意和商机。他们靠贩卖爱国主义谋取利益。当前，自媒体时代，人人都是自媒体，人人都是话筒，人们对于"爱国"的话题参与度越来越高。于是很多居心不良的媒体、大V等利用当下关乎国家的热点事件，通过各种夸张甚至虚假的标签、标题来博取读者的眼球，蓄意通过发表关于"爱国""汉奸"等激烈和极端的观点，将各种事情都往"爱国""伪爱国""辱华"等上引申，各种来点燃和引爆网友的情绪，造成热烈且混乱的舆论场，以此来蹭热度，目的是增加粉丝数、进而卖广告，或者让自己成为"爱国"的代言人、名人。

## 二、"伪爱国"存在的原因分析

（一）狭隘的民族主义作祟

民族主义的基本点是强调民族国家的利益至上，但狭隘的民族主义具有自私性、排他性、保守性等特点。在狭隘的民族主义的鼓动下，很多人对理性的民族主义与非理性的民族主义边界理解模糊，将爱国主义与民族主义本质混淆，导致其只关心本国的利益，将本国的利益看得至高无上，对外来文化和政治事件采取排斥、拒绝的态度，言论偏激，不愿进行理性和辩证的思考。有一部分"伪爱国"者正是出于这样的片面、偏激的心理，做出对国人有损、对国家有害的恶劣行为。长此以往，在现实和网络空间中会衍生出更多这种非理性的民族主义情绪者，对社会和国家的稳定、意识形态的传播不利。

（二）文化不自信的表现

当前，随着科技的不断进步，我们并不缺优质的物质条件，缺少的是足够的文化自信。历史上的"西方文化更优越""本国文化落后"等观念，仍然影响着当代人对于本国文化的认同感和自豪感，加上西方以其强大的科技和经济实力为依托宣传和渗透着他们的生活方式、思维方式和意识形态，甚至恶意以美化其文化来刻意扭曲和丑化中华民族几千年来积淀的博大精深的文化。我们对自身文化的不自信，很容易对外界信息过于敏感从而产生误读，也很容易被有心之人牵着鼻子走，在不自知的情况下参与到"伪爱国"行动当中。

（三）西方意识形态的渗透

随着中国的经济实力和全球地位的提高，必定会引得某些国家和地区的关注。长期以来，夹杂在网络、软文、动漫、影视作品中的"利己主义""拜金主义""个人主义""西方是世界的中心"等意识形态，对我国人民的价值观产生着潜移默化的影响，模糊和扭曲了中国的主流价值观，使得人们对爱国的理解和爱国行为呈现表面化和扭曲化。同时，西方别有用心的势力在每次"辱华""爱国"等风波中，利用网络肆意煽动人们情绪，导致国人做出过激的伤害同胞、毁坏财产等低素质的事情，造成社会风气混浊，破坏社会团结。

（四）爱国教育长期不到位

我国长久以来的应试教育，一定程度上存在着脱离社会发展和人的发展的目标和要求，在"考试是第一"的价值观主导下，对政治科目等培养意识形态的课堂的忽视，传统课堂对主流价值观和"爱国"生硬的"灌输"，很容易忽视学生的身心发展特点和需要，造成爱国主义教育只见表象不见内在的问题。如洁洁良事件，身为研究生同时也是中国共产党党员的洁洁良,至少在此事件之前,她表现出来的是一名接受过良好教育的爱国爱党的优秀学生代表。但是从洁洁良发表的一系列侮辱性言论的时候,她的整个价值观和认知完全跟我国的核心价值观脱轨,这反映出我国的爱国主义和意识形态教育链条还存在薄弱环节。

(五)不良媒体的煽风点火

全媒体时代的到来,信息无处不在,一人一媒体,人人都是信息的制造者和传播者。这与传统媒体时代,自上而下的信息传播,单一可控的主旋律不一样。全媒体时代的信息开放性和多元化、载体的移动化、内容碎片化、空间社交化,使得网民们在网络空间挣脱了束缚,加之网上信息的良莠不齐和网民网络素养的参差不齐,网络上的声音情绪化多于理性化,虚假信息多于真实报道。身处于碎片化和娱乐化的网络环境中的网民,大多数没有独立思考的能力,他们习惯了甚至是乐于麻木接收所有外来的信息。某些大V和心怀不轨的人恰好就利用了这一特点,经常捕风捉影式地为一些本不属于"种族歧视"的言论扣上"辱华"的帽子,披着"爱国主义"的外衣,尽情地宣泄着个人的情绪和煽动着网民的情绪。

# 从文化类综艺节目看青年文化自信

2017年新年伊始,《见字如面》《中国诗词大会》《朗读者》等文化类综艺节目相继走进观众的视野。其中,《见字如面》是一档以明星读信为主要形式的阅读推广季播节目,因其以书信朗读的独特形式,带给观众身入其境的鲜活体验而获得豆瓣9.0的高分。《中国诗词大会》以"赏中华诗词、寻文化基因、品生活之美"为基本宗旨,通过不同年龄、阶层的选手对诗词知识的比拼及嘉宾的精彩点评等形式,带领观众畅想中国诗词文化的独特魅力和古典之美。该档节目豆瓣评分获得8.5的高分,累计近十亿人收看,而因其掀起的"诗词热"一时间刷屏朋友圈和微博,与之有关的话题与新闻也屡见报端。继《中国诗词大会》后,《朗读者》因其精细的节目制作和对朗读者自身故事的挖掘,备受好评,刚播出第一期在豆瓣上就达到了9.2分。文化类节目成综艺节目中的"一股清流",风靡全国。这三档节目的播出所引发的热度和话题度,以及所获得的成功,也说明当代青年的文化自信正在萌芽觉醒。

### 一、节目本身特点

1. 节目设置合理,遵循综艺节目发展规律

综艺节目成功的重要因素之一是节目内容设置合理,遵循综艺节目发展规律,即能够制造收视爆点,产生话题,引发社会讨论。以《中国诗词大会》为例,答题挑战者年龄覆盖层次全,具有故事性。八岁神通小男孩,十六岁高中才女,北大研究生,虽身患淋巴癌却向中华诗词寻求精神良方的普通农妇等积极参与,易吸引关注,引起话题。节目中邀请学者担任点评人,他们妙语连珠,引经据典的点评提高节目知名度和深度。主持人董卿文化知识渊博丰富,舞台经验丰富,对节目现场的把控和考题内容的了解,更是为节目增色许多。而《朗读者》中嘉宾既有素人,又有各行各业的精英人物,侧重挖掘朗读者背后的故事,再配以与故事相符的作品,易使观众感同身受,产生共鸣,引发对文学作品的思考,从根本上吸引观众。

2. 节目形式另辟蹊径,具有创新性

传统文化如何走下神坛,走向观众,其重要因素之一即在符合观众审美趣味基础上,实现节目形式创新,令观众耳目一新。比如《中国诗词大会》,所有登台的选手都是从基层攻关,一路过关斩将,走上擂台对决,让各个阶层的平凡人演绎中国传统文化诗词,契合诗词源远流

长,人人吟诵的理念。而以"百人团""飞花令""对擂"等具有传统文化韵味的名词精心编织竞赛流程,在普及传统文化的同时,实现了对节目形式的创新,是真正具有中国文化内涵,中国文化特色的一档文化益智类综艺节目。

3. 节目独特的价值主张和传播内容

文化类节目都是主打"传统文化牌",立足弘扬和传承传统文化,意在唤起观众对传统文化的关注。如《中国诗词大会》以"赏中华诗词、寻文化基因、品生活之美"为基本宗旨,力求通过对诗词知识的比拼及赏析,让全民一起感受诗词之美,诗词之趣,借此传承诗词传统文化,弘扬民族精神。《见字如面》旨在用书信打开历史节点,带领观众置身信中时代场景、人生故事,领会中国人的精神情怀与生活智慧,借此表达纸质媒介所承载的文明依然意义隽永。

**二、当前综艺节目环境**

1. 原创稀缺,依赖海外版权引进

纵观中国综艺节目市场,有多档节目引进海外成熟节目版权,尤其是娱乐节目版权的引进更是蔚然成风,其中包括选秀、游戏、真人秀、访谈等占据中国电视广播行业市场的节目类型,反映了当下综艺节目创造文化迷失,缺乏文化自信。而一档节目的成功,又会引起业界竞相效仿,导致相同类型的节目层出不穷,长此以往,使观众产生审美疲劳。过度依赖海外节目版权的引进,还会使中国电视节目制作团队失去原创的动力和能力,使得具有中国文化特色的节目更加稀缺,而其所承载的本民族文化精髓也失去传播力。

2. 内容匮乏,过度娱乐化

当前大量综艺节目内容苍白匮乏,缺乏实质性的内容,节目本着"无娱乐不尊崇""非明星便没有观众"的惯性思维,使出浑身解数吸引观众。要么通过主持人之间的打打闹闹,装疯卖傻,插科打诨来填充时间；要么邀请明星作为嘉宾，通过制造话题吸引眼球，增加节目的看点。有些内容还会传递错误的价值导向，走向粗俗。这类节目大量占据市场，虽能供人们消遣，但却很难赢得观众的心理认同。

### 三、对策与建议

《中国诗词大会》《朗读者》《见字如面》等文化类综艺节目风靡全国，圈粉无数背后的本质原因，离不开国民文化自信的增强。而青年群体是传统文化的传承者，文化自信的树立显得尤其重要。同时，青年群体作为综艺节目的主要受众，综艺节目所承载的文化内涵和思想体系对青年群体文化自信的树立也起到不容小觑的作用。

1. 综艺节目应汲取传统文化资源

综艺节目与传统文化的结合能够为传统文化的现代传承提供新的平台和模式，使青年群体在耳濡目染中体验民族文化，从而增强文化自信，守住价值之正。这就要求主流媒体应强化自身的文化使命，探索综艺类节目与传统文化的突破点和结合点，充分挖掘中华文化宝库资源，从中获取灵感、汲取养分、提炼题材。针对当前文化类节目面临的扎堆诗词、汉字、曲艺而导致的"内容窄化"瓶颈，应该继续开掘传统文化资源，将哲学思想、诗词文学、书法绘画、古代建筑、戏曲国粹、民俗节日、饮食文化、武术功夫、非遗习俗等内容搬上舞台，让传统文化变得"活起来"和"动起来"，弥补其晦涩难懂的天然弊端。

2. 综艺节目应建立健全行业规则

成功的综艺节目不仅需要行业支持，也需要党政部门的"领航"。政府应运用好政策工具，大力扶持以"公益、文化、原创"为亮点的传统文化类公益节目。政府的"政策指挥棒"应着重聚焦于"头部节目"，建立健全综艺节目相关政策，在导向、内容、时段等多方面提供指导，营造良好的政策环境、市场环境和传媒环境。应加快出台传统文化类综艺节目的制作细则，提高原创内容比例标准，转变该类型节目的绩效评估指标，提高舆论和口碑的考核权重。此外，在借鉴学习境外成功类型节目的基础上，应培育具有本土特色、符合国情、自主产权的节目制作模式，从"模仿"转变为"引领"，为本土传统文化类综艺"出海"提供政策和资金支持。

3. 综艺节目应培植深厚人文情怀

综艺节目不仅应注重娱乐效果，更应肩负起人文启迪的使命，使得青少年在观看和欢笑之余，收获灵魂顿悟和思想感悟。对此，综艺节目应该强化人文基因的内核，将受众认知、情感体验以及生活感悟等小细节与时代背景、社会现实关联起来，深挖其中的思想深度、道德意蕴和人文价值。这就要求必须将抽象、晦涩的文化内涵、价值取向融入青少年的思想之中，全面、深入、系统地介绍背后蕴含的中华文化史、思想史和事件史，以不同形式、不同姿态、不同声调合唱主旋律，传播主流文化，增强青少年的民族自豪感与国家认同感。

4. 综艺节目应注重打造口碑品牌

在"眼球经济"时代，综艺节目为了收割青少年的注意力，往往通过制造噱头的方式攫取流量。但是，能够被称之为"精品"的文化类综艺节目必须摒弃"唯利是图"和"流量为王"的价值导向，纠偏将收视份额和盈利能力作为唯一标准的评价体系，在选题内容、形式设计、制作工艺、传播效果等方面将价值性置于首位，致力于打造"叫好又叫座"的品牌节目。对此，应做细、做实、做精文化市场细分工作，重点关注节目的格局、品类与格调，在人设、技巧、场景等技术和外观层面细加雕琢，形成需求供给、投入产出、传播反馈等全链条、全环节、全层级的制作体系，推动其从"奇观式展演"到"内涵式发展"的模式转变。

5. 综艺节目应突破创新模式桎梏

不可否认的是，当前类型节目的同质化特征较为显著，主要集中于诗词赏析、书信朗读、文博鉴赏等形式。为了保持青少年对首创、首发节目的满足感与新鲜感，应做好模式创新，开发出"文化＋益智游戏""文化＋戏剧小品""文化＋音乐展演""文化＋语言表达""文化＋文创设计""文化＋普通人选秀"等全新的节目样态。此外，华丽的舞美效果、吸睛的流量明星、流行的网言网语、冲突的剧情策划等方式，都契合了当下青少年的价值偏好，用年轻人喜闻乐见的方式，将原本厚重的、沉闷的、晦涩的传统文化类节目变得有声有色，实现创新突围。

6. 综艺节目应构造全媒传播格局

传统文化类综艺节目"出圈"的关键即在于打造生态化的传播格局，形成跨屏传播和全媒体联动。在"多屏互动"的新媒体时代，综艺节目应该顺应时尚化、潮流化、科技化的表达方式，使用好人工智能、全息影像、5G直播、立体声场等新技术，提高青少年视听体验，增强节目的美感和愉悦度，增加科技感、时尚感和现代感。此外，应构建起全媒体传播矩阵，打造"中央厨房"式的内容分发平台，细化多元传播介质平台的分发内容，协调联动多种传播介质，用好弹幕、直播、全景等新兴互动方式，让优秀的传统文化类综艺节目实现多层次、立体化、口碑化传播。

# 舆论场中青年网民中国自信的崛起

自信，于个人而言是发自内心的自我肯定；于国家集体而言，是一国综合实力的外在表现。自信与国家实力呈正相关关系，且国家自信与个人自信紧密相连，相互影响，互为因果。

**一、舆论场中网民不自信现象**

改革开放以来，中国在各个领域所取得的成就有目共睹，大部分中国人理应是自信的，但其却往往成为网络中"沉默的大多数"。相反，也存在一定比例的青年网民不那么自信甚至是自卑，主要表现如下。

一是常在网上抱怨、抹黑国家，制造负面舆情，处于一种"黑化"的状态。二是不关心时政，一问三不知，对家国大事处于一种"蒙圈"的状态。三是国内了解一点，国外了解一点，自认为十分了解各国现状，继而产生所谓的"差距"，处于一种"质疑"的状态。四是在网上言必称西方，奉西方说法为圭臬，似乎中国哪里都不如西方。在这部分人中还包括了以制造思想混乱和舆论攻击为目的，对国家民族的历史及取得的成就进行不符实际的歪曲，对英雄大肆抹黑的历史虚无主义者，混淆视听，有意打击国人的自信心，处于一种"敌视"的状态。五是眼光被各种媒体、舆论所绑架着，在不良媒体人为博眼球而制造的"标题党"中丧失独立思考能力，在不知不觉中夸大事实、无中生有，不断传递和扩散消极情绪，处于一种"盲从"状态。

## 二、2016年舆论场青年网民自信崛起表现

首先，青年网民对国家具有强烈认同感及自豪感。

### （一）撤侨行动凝聚民心

随着中国各方力量的强势崛起，国际地位的提高，中华民族在世界舞台上扮演着越来越重要的角色，在外交上的强势行动，彰显出大国风范与自信。

11月14日，新西兰发生7.5级地震，中国领事馆租借5架直升机，来回18次转移中国游客；11月24日，以色列海法发生特大火灾，中国领事馆第一时间出动，组织大巴将中国留学生全部安全撤出。网友@南风拾尘拍摄剪辑了关于中国近年来撤侨行动的视频，受到广大网民的转、评、赞。

中国的撤侨行动迅速凝聚民心，形成强大统一的舆论势态——"中国虽然没有一百多个国家免签的护照，但无论你在哪里，只要你有

危险，国家都能把你安全带回家""我们并不是生活在和平的年代，只是生活在和平的国家"等。尽管网络上也有特意抹黑撤侨行动的谣言，但在涉及国家层面的争议时，网民总是在情感倾向上趋于一致，自觉维护国家形象。

（二）"越出国越爱国"成留学圈常态

据《新京报》调查，78.53%的中国留学生出国后对祖国态度更正面。留学生出国后虽然认同一些西方文化、当地风俗并感到时尚，但同时也体会到外国犯罪率高、社会稳定性较差等问题。

关于国内外差距的讨论始于年初在知乎社区的一个热门问题"为什么越出国越爱国"，其中该话题获得18.6万关注，共计1975次讨论。在所有回答中，网友列举出几大典型现象：一是社会治安差，难民潮涌入欧洲后，被抢、被偷、被勒索频频发生；二是出警效率极低，多数情况下若不涉及命案，一般刑事案件很少能得到快速解决；三是国外的卫生条件也并非惯性思维中的整洁干净，体育赛事、示威游行、演唱会等大型集会后，地上也同样遍布垃圾，"脏乱差"并非特色国情；四是歧视华裔、亚裔等情况变本加厉，本国人抱怨中国移民抢走工作饭碗，降低薪资待遇或不予以平等的福利保障。

这些讨论中，除了以民生问题为主，将矛头直指国外的食物不好吃、治安不好、生活单调、物价奇高外，也将关注的焦点延伸到政治领域。特别是在此次美国大选中，让很多国内外网民看到了美国政治中许多根深蒂固的问题，展现了一个社会阶层日益分裂的美国，感叹"一个骗子，一个疯子，选谁都没有好结果"。作为对比，网友们也对中国政府治理偌大的国家心生敬意，增强了道路自信。

其次，敢于主动发声，维护与捍卫国家利益。

（一）香港对内地及台湾地区对大陆认知更正面

香港"占中"事件影响余波还未平息，"港毒""辱华"事件又声势乍起,台湾地区领导人蔡英文"去中国化"的政治厥词也广受争议,民调大幅波动。但是来势汹汹的舆情风波并未动摇海峡两岸及港澳特区对于"一个中国"的观念——"反港独,撑释法"大联盟在香港立法会外举行大型集会,以支持人大释法;香港同胞制作视频表达其肺腑之言,港府高校校长发声,称站在国家层面看,辱国和分裂行为是非常严重的危机;全国人大主动释法表明,香港如果想闹独立,人大可以随时用基本法第十八条。

在另一则关于台湾的舆情中,一位台湾快递员表达对大陆淘宝货全面攻占台湾的不满,抱怨台湾人为什么不买本土商品。然而这条吐槽发出后短短几个小时,台湾网友的评论便集中于夸赞大陆经济好,物美价廉等,表达出对大陆的向往及羡慕。而在近日,台湾《旺报》刊载文章,台湾一名学生讲述了在大陆参加文化交流的感悟,北京处处的移动支付让她大开眼界,使她"优越感被击碎一地",顿时觉得过去对大陆的认知不过是井底之蛙,有种被台湾社会长期的虚假宣传欺骗之感。

(二) 青年学生主动参与舆情议题讨论,青年力量迅速崛起

在众多舆情事件中,常常能听到青年群体的声音和观点,青年群体参与网络的议题的讨论不断增强。

在南海仲裁案事件中,台湾青年发布短视频解读南海主权,在祖国处于国际舆论之危急时刻,坚定地表达了两岸同属"一个中国",共同捍卫祖先留给我们的主权。青年一代涌入舞台中心,他们自发地在领土统一和主权完整为标志的国家核心利益前构筑了一道不可逾越的红线,而这也是新一代自己的选择。

同时,"爱国不碍国"成为青年群体的共识。在南海仲裁案后,有人煽动青年上街,抵制菲律宾货、美国货、日货,但呼应者寥寥无几,而是发出了"抵制 X 货,不如先抵制蠢货"的倡议,从全球经济、政治博弈的角度解析了盲目抵制的弊端。此外,青年群体还采取了有理性

又独特的方式表达爱国情怀,如"表情包"是其庄重却不严肃的"爱国仪式",解决了曾被人诟病的网络语言暴力过激问题。

在"港毒"事件中,香港青年主动发声,发起"香港不只港毒"的话题,主动帮助宣传内地的发展情况和对港政策。香港青少年管弦乐团在机场快闪演出,演奏《我爱你中国》《东方之珠》《男儿当自强》等爱国励志歌曲,表达对热爱祖国、反对港独的立场,感动无数网友。

最后,基于自信心理的"调侃式"舆情回应,在网络舆论场上,网民们在涉及大是大非的国家利益面前,自觉拥护政策,主动承担骂名,以自我贬损的"调侃式"方式化解舆情冲突。

11月21日,在外交部回应"限韩令"事件中,外交部表示,没听说所谓的"限韩令"。对此,网友在微博评论中抢着"背锅",表示"都别抢,这个锅我替祖国背了""外交部说的没问题,我们心甘情愿,自发抵触"。弱国无外交,只有依靠强大的国家实力为背景,人民才有底气"撒娇",才能冲破"韩流"的大行其道,激发起文化自信。

从网民们自发的自嘲、调侃式的舆情回应方式之变,可见网民并不畏惧或担心调侃式的语言会带来不利影响,或者给予澄清事件、刨根问底,而是以一种更加开放和轻松的姿态应对,以玩笑形式充当国家的"接锅者",表达了在任何情况下都支持祖国、维护祖国利益的爱国心理。

虽然互联网的迅猛发展,使网民进入一个信息爆炸的时代——谣言数量大,传播速度快,舆论环境的安全性不容轻视。但同时,这也是一个人人拥有麦克风的新媒体时代,多元话语的涌入,使得青年网民对同一舆情事件有不同视角,其中不乏理性的思考,也渐渐明白"外国的月亮未必更圆","网曝"未必是真,眼见未必为实,舆论场的自净功能显现,青年网民的国民自信正快速崛起。

# 第五章 校园 or 社会——青年人的学习就业

## 引言：从象牙塔到社会人

　　青年是整个社会力量中最积极、最有生气的力量，国家的希望在青年，民族的未来在青年。今天，新时代中国青年处在中华民族发展的最好时期，既面临着难得的建功立业的人生际遇，也面临着"天将降大任于斯人"的时代使命。面对经济全球化、文化多样化、社会信息化的社会环境，学习和就业成为当代青年大学生最重要、最担忧的两件大事。"青春虚度无所成，白首衔悲亦何及。"当今时代，知识更新不断加快，社会分工日益细化，新技术新模式新业态层出不穷。这就要求青年要不断加强学习，练就过硬本领，使自己的理论视野、思想观念、认知水平跟上时代的步伐。

　　一是"深造"与"就业"的两难选择。每年的毕业季，每位毕业生除了开心和不舍，还会生出更多纠结，就业还是继续深造？走出大学象牙塔的"社会人"突然走入了就业还是深造的分岔口，自然陷入了何去何从的迷茫中。面对高校的年年扩招，大学生的优越感已然不存在。很多学子开始思考，大学学历还有足够的竞争力吗？我是不是应该更上一层楼，而不是只停留在大学学历？为了获得高学历、提高竞争力,去攻读硕士、博士。同时,在经济全球化过程中,留学已然成为一种常见的教育选择。多数家长或学生都相信,留学能够给自己的人生带来"学术光环"。当然,也有人认为,要赢在起跑线上,先工作才是明智的选择。有些人会认为,书读得太多没有用,一技之长才是生存必需的东西。

不同的选择,都将对未来的生活轨迹和人生目标走向产生影响。

二是"学历"与"态度"的天平失衡。作为"学霸"的翟天临因为一句"知网是什么东西"而掀起了学术界的浪潮。作为一名学术研究者不知道知网为何物,就犹如海上航行者不知道何为指南针;犹如专业记者不知道何为照相机一般。近年来诸多学术不端事件不断曝光,不免让人感叹起学术圈的"不太平"。学术的生命在于创新,学术创新既是提高自主创新能力的源动力,同时也取决于科研人员对学术道德规范的尊崇和执着。学术道德和学术规范是科学研究工作者应遵循的基本伦理和规范。学术诚信,是保证学术正常交流、提高学术水平,实现学术积累和创新的根本保障。而越来越多的人为了追求高学历,过于浮躁,急功近利,做出了剽窃、抄袭、占有他人研究成果等学术不端行为。更有甚者,在大学的神圣殿堂,公共课"替课"、四六级"替考"、论文"替写"等,形成了一股"替"之风,是什么吞噬了严谨求学的风气,又是谁该买单?

三是"工作"与"生活"的全新考量。作为网络世代、互联网世代的"95后",丰富的物质基础给他们摆脱贫穷带来的种种限制,也使得"95后"拥有更多的网络话语权。作为互联网的"原住居民",他们从小就有人际资源意识和多面玲珑的社交行为。在不同的圈子中有相对清晰的自我定位,面对任何事都具有多维思辨,谨慎决策,决不盲从。他们兴趣多元化,不仅兴趣至上,更倾心尽力。作为新时代青年的专属特点在对于工作的选择上也表现得"别具一格"。"95后"大学生,在职业的选择上,不再是追求所谓的"铁饭碗""朝九晚五"的机械式生活，而是更加追求自身的兴趣爱好；在就业城市的选择上，不再是一味追求经济发达的"北上广"，而是喜欢去新一线的城市寻求发展；在就业的时间上，"95后"并不会觉得"毕业就失业"是一种见不得人的事，而是想经过深思熟虑后再选择就业，毕业后更愿意暂时选择游学、支教、在家陪父母等，慢慢考虑人生道路，衍生出"慢就业"的现象。他们不会因为工作放弃了自己的生活，而是因为追求高品质的生活而选择工作。

习近平总书记指出：一代人有一代人的长征，一代人有一代人的担当。广大青年既是追梦者，也是圆梦人。追梦需要激情和理想，圆梦需要奋斗和奉献。每个人的世界都是一个圆，学习是半径，半径越大，拥有的世界就越广阔。梦想从学习开始，事业靠本领成就。当代青年的主要任务是努力学习、锤炼本领、志存高远、脚踏实地，勇做时代的弄潮儿，在实现中国梦的生动实践中放飞青春梦想！

## "留学热"对撞"归国潮"

据《2016中国学生国际流动性趋势报告》显示，2016年海外留学数据持续大幅上升，中国"低龄留学生"已成普遍趋势——原本留学生结构以本科生和研究生为主，但目前高中生却渐成主流，且尚在基础教育阶段的小学生比例甚至超过了研究生。

一方面是低龄留学生们辛辛苦苦出国的"留学热"，但另一方面是青年留学生在外求学碰壁后轰轰烈烈的"归国潮"。据教育部统计，改革开放至2007年，我国留学生回流率仅26.4%。然而，至2015年年底，我国留学回国人数总量达221.86万人，回流率达54.8%，比2007

年提高一倍。①

低龄儿童"留学热"和青年留学生"归国潮"两种趋势并存"一进一出"的反差形成了鲜明的对比。

**一、低龄留学生与"海归"青年的现状对比**

（一）低龄留学生的现实困境

一是难以融入国外生活。中西文化的差异使低龄留学生面临生活习惯、交往方式、人文风俗等方面的转变，且生活自理能力不足，语言交流障碍，适应国外生活非常艰难。因此，经常出现华人留学生"抱团取暖"，虽身处国外，但交际仍局限于华人圈，容易形成孤僻的性格，处理事情孤立无援，难以融入当地朋友圈。

二是难以适应国外学习。国外学习方式以自主学习、合作学习为主，低龄留学生正处于学习方式、学习习惯的塑造阶段，自我管理和时间管理能力较为缺乏，加上离开了父母、教师的引导和约束，在适应国外课程上较为吃力，多数有着强烈的拖延习惯，学生被学校建议休学，回国接受心理治疗的情况不在少数。

三是不同程度出现心理问题。生活、学习上的融入问题令低龄留学生承受巨大的心理压力，亲情、友情等重要情感的缺失使其饱尝寂寞和孤独。面对这些问题，心智未成熟、情绪管理能力欠缺的低龄留学生不善于自我疏导，又同时面临文化、语言、学习方式等多种冲突和压力，容易造成心理问题。

（二）青年海归就业的现实压力

一是海归"去光环化"成趋势。随着出国留学从"精英化"逐步

---

① 李劲峰，熊琳，刘硕. 出国留学回流率超一半海归步入"青铜时代"[J]. 决策探索，2016（15）.

走向"大众化",留学教育质量参差不齐,归国者的素质也出现分化,造成"海归"已从"黄金时代"逐步进入"镀金时代"。据教育部统计数据,截至 2015 年,我国出国留学回流率已超过 50%,随着大规模"归国潮"的出现,归国者的就业优势也不比从前。①

二是难以满足国内用人单位本土化需求。不熟悉国内就业形势和企业需求是新生代"海归"群体的主要劣势。中国与全球化智库发布《2016 中国海归就业调查报告》显示,有超过半数的"海归"缺乏职业生涯整体规划,近四成被调查者希望得到资深 HR 和中高层管理人员的现场培训或讲解,了解国内企业招聘要求和行业干货,并希望通过笔试和面试模拟训练提升求职能力。②

三是专业扎堆或所学专业与实际工作不匹配。当前留学主要集中在金融学、经济管理、语言艺术等热门的商科类和社科类学科,或知名学校的心理学、宗教学等冷门学科,导致求职时扎堆热门岗位,或者所学专业与国内工作岗位难匹配。《2015 中国海归就业与创业报告》显示,在"海归"就业中,14.3% 选择进入金融业,其次,贸易零售、地产建筑、互联网行业分别占到 7.2%、6.9%、5.5%。《2016 中国海归就业调查报告》显示,超过半数的被调查者认为工作内容与海外所学的匹配程度一般。③

## 二、低龄"留学热"与青年"归国潮"现象并存的原因分析

留学生"一进一出"两种现象并存,可以用"推拉理论"解释,即人们的迁移活动是由迁出地的推力因素和迁入地的拉力因素共同发生

---

① 李劲峰,熊琳,刘硕. 出国留学回流率超一半海归步入"青铜时代"[J]. 决策探索,2016(15).
② 调查报告:不熟悉国内就业形势是海归主要劣势[EB/OL]. 人民创投网,2016 - 08 - 01.
③ 刘天思.《2016 中国海归就业调查报告》出炉[EB/OL]. 环球网,2016 - 08 - 02.

作用。一种现象的发生是推力因素与拉力因素共同作用的结果。基于此，"留学热"与"归国潮"，其实是国内外经济、国家政策及国内就业形势三种主要因素分别产生推力作用与拉力作用，从而导致的结果。

（一）经济因素：我国国力日益强盛，国内物质生活水平普遍提高

推力作用：改革开放四十多年以来，我国经济水平飞速发展，带动国民经济能力普遍提高，中产阶级家庭数量增多，在良好物质生活需求得到满足后，人们对子女的教育需求也随之提高，同时也更有能力承担子女早期出国留学的费用。在全球化的趋势下，人们与外界沟通、联系的渠道日益增多，丰富的信息与资源也让家长们互相交流留学信息更为畅通，帮助子女做出决策。

拉力作用：我国综合国力不断壮大，国内整体良好的经济前景、稳定的政治局面、日益提高的物质生活水平，成为吸引海外留学生选择回国发展的拉力。相比而言，次贷危机余波未平，西欧难民潮发酵，普遍收紧的移民政策，造成国外资本主义国家就业压力持续紧张，加之动荡不安的政治局面和社会环境，使得移民、海外就业不再是海外留学生的最佳选择。留学生何岸表示，西方发达国家往往数十年间社会环境都是静态的，但归国后发现，都市生活巨大变化的背后处处是商机。[1]

（二）政策因素：教育政策鼓励"走出去"，人才政策注重"引进来"

推力作用：经济全球化带动了教育国际化。《国家中长期教育改革和发展规划纲要（2010—2020年）》明确指出要培养大批国际化人才。[2] 政策指示在一定程度上推动了教育国际热、中外合作办学热等，

---

[1] 李劲峰，熊琳，刘硕. 出国留学回流率超一半海归步入"青铜时代"[J]. 决策探索，2016（15）.

[2] 任唤麟，胡晓娟. 我国高校国际化旅游人才培养研究现状与展望[J]. 淮北师范大学学报（哲学社会科学版），2017（5）.

为低龄儿童出国留学创造更多利好的政策环境。

拉力作用：我国政府不断出台针对留学回国人员的就业政策和创业政策，并与企业协作开展跨国引才、设立留学生创业园等项目，吸引回流人才。同时，国外一些国家提高了工作签证和移民门槛，政策"一冷一热"的对比也加速了"归国潮"的形成。

（三）就业形势因素：国内就业形势机遇与挑战并存

推力作用：面对严峻的就业形势，国内许多低龄学生的家长开始未雨绸缪，思索如何让孩子在将来的比拼中脱颖而出。除此之外，出于对国内"千军万马过独木桥"的高考制度的回避心态，越来越多的家长将目光锁定于出国留学，希望既能免去孩子的高考压力，同时又能出海"镀金"，为日后就业增加筹码。就读于美国德州休斯敦威利学校的留学生韩帅表示，由于自己中考没考上重点高中，父母本着宁缺毋滥的原则将自己送出国，类似情况者不在少数。

拉力作用：国内经济发展态势良好，随着我国经济影响力的不断扩大，国内各类经济主体为"海归"提供了大量就业机会。中国经济的转型也为大批青年留学生提供创新创业的机遇与平台。《2016中国海归就业调查报告》显示，在"海归"选择回国就业的主要原因中，"看好国内的就业前景""国外形势不利于外国学生就业"两种原因的比重分别占37.1%，23.4%。

## 三、现象启示

（一）学生、家长需理性看待低龄留学

留学固然能够开阔眼界、提升能力、丰富人生阅历，但也需多方考量。青少年正处于身心发展的转折阶段，心智未成熟的低龄留学生是否具备适应国外生活和学习的能力，是否能够应对出国后种种未知的风险和挑战，是家长面临选择时应慎重思考的问题。唯有立足孩子的实际情况,才是决定能否实现留学价值的关键。

(二)"海归"青年需摆正就业心态

在"海归"就业优势逐渐减弱的现实下,归国群体应积极转变就业观念,加快适应常态化调整,凭借个人能力积极主动对接国内就业市场的需求,寻找适合自身的发展路径。社会各界也不妨对"海归"群体多些宽容与理性,创造条件让有真才实学者学成归国、实现价值。

(三)留学背后折射出家庭经济差异

透过近年被媒体疯狂鼓吹的"留学热",也能看出不同经济能力、成员结构的家庭在面对送子女出国时的差异:工薪阶层没有经济实力也没有社会资源,为了送子女出国很可能要卖车卖房,降低生活质量;"土豪"家庭不差钱,大多数送子女出国"镀金"未来继承家族式产业;中产阶级家庭则在国内升学和国外留学间谨慎观望和摇摆,担心孩子归国后能否享有同样的资源优势。这反映出"留学热"也并非媒体渲染的那么美好、那么火爆。

(四)家长要理性看待媒体报道留学生"脸谱化"

部分无良媒体为了吸引眼球,大肆炮制负面新闻,将留学生塑造成"有钱能花、不守规矩、酒后驾车、生活混乱"的奢靡群体,完全脸谱化的报道模式难免让家长对国外留学情况产生误解,从而产生应激反应,干涉和阻碍子女的留学选择。

## "人艰不拆"的女博士该何去何从?

2018年9月,科学网的一篇博文《女博士的生育困境》引发了网络热议,热议的焦点在于女博士在读期间该不该生娃,而相关微博话题也屡登"热搜榜"。

北京大学信息科学技术学院教授张海霞是在科学网上发声的博导之一,她对于女博士在读期间生娃持反对的意见。在张教授看来,读博是师生之间的一种"承诺",在规定的学习年限里完成各自的任务,实现相应的目标。而如果女博士在学期间生娃,势必会打破这种承诺。教育追求和生育本能之间的矛盾投射到这一高知女性群体中,激起了层层涟漪。

由教育部发布的《2016年教育统计数据》显示,我国女博士生人数为132132人,占博士生总数的38.63%。在读博期间,女性面临的困境不只是生育问题,还有学业课程、就业、婚恋这三座大山。

### 一、女博士困境表现

#### (一)学业之难

对于博士生来说,最大的困难在于学业之难。学业之难主要体现在两个方面。一方面是学术论文的发表。对于博士生来说,读博期间至少需要发表2~3篇高质量学术文章是个不小的压力。想要发表一篇高质量的期刊论文,需要经过选题的斟酌、撰写、投稿、送审、修改到最后的发表,一般需要耗费一年的时间。另一方面是毕业论文的压力。面对学术不端行为频发的现状,各高校对于博士生的毕业论文质量要求越来越严格,使得每年均有博士生因毕业论文延长学制,甚至无法顺利毕业。对于需要兼顾家庭的女博士而言,学业之难更是"难上加难"。

#### (二)就业之困

根据调查显示,在当代社会的各类招聘广告中,对于性别、学历、外貌等存在显性的不平等附加条件。如不少招聘信息明确限招男性或是男性优先,已婚且育有孩子的女性优先或是规定几年内不得结婚生育等。在招聘中的隐形歧视则更形式多样,应聘单位通过询问女大学生恋爱、婚育状况、生育规划等私人信息,强调岗位需要经常加班、男生更合适等，从而让女博士生知难而退。在就业道路上，除了这些不平等要求外，我国博士教育规模近年来快速扩张，2016年中国培养的博士人数已超过15万人，使得女博士求职压力更大。而由于社会经济发展等多方面的原因，中国的科研单位、大学机构无法承载消化如此多的博士。在这样的大背景下，有着性别优势的男博士找工作已属不易，女博士就业更是难上加难。

（三）导师关系之尬

2018年1月1日，北航已毕业女博士生罗茜茜在微博发布实名举报文章《我要实名举报北航教授、长江学者陈某性骚扰女学生》并称其他至少6名女学生有同样遭遇。她回忆自己12年前在攻读博士期间，副导师陈某曾试图性侵，但未得逞。2019年12月北京大学一助理教授、博士生导师冯某被举报师风师德败坏，男女关系混乱，以欺骗的方式同时期脚踏多条船，与数名女性发生不正当性关系。该事件在网络迅速发酵，北大校方介入调查。冯某被北京大学国际数学中心除名。近年来，女博士与导师之间的舆论事件层出不穷，让师生关系陷入尴尬，部分导师"不爱招收女博士"的避嫌行为，让女博士的成长空间更加受限。

（四）婚恋之囧

"白天愁论文，晚上愁嫁人。"这句话如今在大学校园的单身女硕士生、女博士生中颇为流行。历经十余载寒窗苦读，随着个人研究领域越来越细化，女博士局限在自己的小天地里，从实验室到宿舍，生活相对单一，交友范围也越来越窄，学业、就业的压力也让她们很少有时间考虑个人问题，感情归宿由此成了难题。同时，女博士的婚恋窘境更多的来自社会舆论压力。"男主外女主内""男强女弱"等固有的社会心理，使优秀的女博士成了男性望而却步的追求对象，"学历太高""条件太好"等优秀条件，反而成了影响女博士婚恋的桎梏。

## （五）生育之急

女性天生需要承担生育功能。按照我国博士生培养计划，非定向委培博士研究生的基本学制为 3~4 年；在职博士研究生（定向、委培）的基本学制为 3~5 年；直接攻博研究生的基本学制为 5 年（含学习课程 1 年）；硕博连读（含提前攻博）研究生的基本学制为 5~6 年（含硕士阶段 2 年）。就年龄来说，一名顺利毕业的女博士应该在 30 岁左右。除去年纪，女博士在读博期间完成生育的可能性微乎其微。博士生学业任务繁重，每天工作超过 10 小时，难以想象一个生娃的女博士要如何操劳孩子的吃喝拉撒、要无停歇地看管孩子，尤其是新生婴儿时期，新手母亲一天只能睡三四个小时，这样哪有精力好好读博。

## 二、女博士解困之策

### （一）学会自我调节

女博士的困境，仅仅靠外在疏导只能是一种暂时缓解，更多的还是需要学会自我调整。找到适合自己的学习方式，合理安排，发掘自身潜能，做到最大化的为己服务，消除困境。不同专业的女博士面临的困境，程度不一，内容不一，不能简单用一句话总结，不管是上述任一困境，需具体问题具体分析。将问题具体到个人层面，则又有不同表征。所以，学会自我调节是女博士在面临困境时必须要经历的自我心理反思，不能由他人代替。

### （二）树立科学职业观

对于女博士来说，制定科学合理的生涯规划，积极把握社会形势，充分发挥女性细心、严谨等优势、准确定位、扬长避短，才能提高就业竞争力。女博士不仅在做研究上需紧跟时代步伐，在处理个人困境方面也要紧跟时代步伐。要审时度势，积极寻求自我的定位以稳定人生定位，从而实现社会、职场的定位，以此树立科学的职业观。

### （三）加强学术道德监督

健康的师生关系是搞好学术研究的前提，在导师做好表率，学生做好本分的基础上，加以道德监督，坚决杜绝不良风气的蔓延。加强高校师德师风建设，实行违反师德师风问题"一票否决制"，构建良性的师生关系。面对的不良师生关系时，女博士要学会合法合理保护自己。

### （四）建立相关福利政策

为了解决女博士生生育期间经济压力，政府可以建立相关生育险，包括政府相关生育险和商业生育险，以保障基本生活质量。此外，可以为女博士提供4个月产假，产假期间正常发放补助；以及采用弹性学制，如由于生育和休产假在固定年限内没有毕业，可申请适当延期等。

## 畸形的"学术同温层"

2020年1月12日，一篇2013年发表的名为《生态经济学集成框架的理论与实践》的文章在核心期刊《冰川冻土》上发表，文章受国家自然科学基金重点项目资助，占据35个版面。文中在论述生态经济学的过程中，列举导师与师娘的事例，阐述了"导师的崇高感和师娘的优美感"成为舆论关注的焦点。人民日报、新京报、南方周末等多家媒体持续关注。该事件前后，学术圈内学术造假、学术腐败等学术不端事件频发。例如，"论文署名多达13人"的学术挂名事件、"主编10岁之子金融核心期刊发表散文"的学术裙带事件、"官员三年跨专业'火箭速度'攻读硕博"的学术履历漏洞事件、"湖师大前校长论文选题雷同"的学术指导失当事件，迅速引发舆论关注。

## 一、学术不端事件频发的原因

### （一）社会不良风气侵染科研工作

科学论坛：社会上的拜金主义、急功近利、浮躁虚夸等不良风气，也逐步影响着高校教师和科研人员等学术圈内成员。一些学人不再脚踏实地，潜心钻研，而是希望通过走捷径、故弄玄虚、弄虚作假等方式更多更快地产出科研成果，从而获得更多的利益和回报。

### （二）单一学术评价体系亟待改革

搜狐新闻：我国学术评价行政化趋势严重，导致形式评价重于内容评价，妨碍科研自主性和学术的正常发展。根源在于，现行的学术评价体制将学术评价与研究资源配置捆绑在一起。

### （三）知识分子的社会公信力损耗

南方网：学术界体现着整个社会的理性水平。在现实生活中，如果社会和公众对学术界和学者产生信任危机，那就意味着整个社会和民族将无法从学术界分享理性工作的成果。

澎湃新闻：诸多学术负面事件冲击着学术圈应有的体面和底线，在信任危机之后，"读书无用论"和"知识越多越反动"等观点再度甚嚣尘上。

## 二、学术不端事件风险点

### （一）警惕"学阀"崛起垄断学术话语权

无论是吹捧、挂名还是裙带关系、近亲关系，都暴露出开放的"学术圈"已经变成了一个由"学阀"统治、仅有少数"抱团取暖"的拥趸者才能进入核心层的"隔绝圈"。在这个"圈"中，科研水平、学术伦理、研究价值统统让位于"关系网"，将导致学人的变节和异化。

(二) 警惕"版面资源"成为新型腐败工具

高校学者和期刊间"僧多粥少"的局面难以一朝改变,当前极度稀缺的版面资源也可能被"私有化"。手握发稿权的期刊不仅游离于监督体系之外,而且最接近权力者拥有优先发表的权利似乎已成为心照不宣的"潜规则"。资源变现、以权谋利、垄断话语等学术腐败的方式,与一般意义上权力腐败的逻辑并无二致。

(三) 警惕"水刊"降低中国学人的国际影响力

如果期刊罔顾学术质量和学术声誉,对"灌水"视而不见,甚至将"快速发表"和"内部渠道"作为噱头,不仅将损害学术的严肃性,而且浪费学术资源,更会造成国际学术圈对国内科研成果的不信任和不采纳,导致学术话语权的"失语"和"噤声"。

(四) 警惕"关系稿"制造虚假的学术繁荣

一旦期刊充斥着关系稿,则会让严肃的学术发表平台演变为私人化、人情化和商业化的产物,看似欣欣向荣,但实则均是"学术泡沫"——套话空话遍地,研究内容空洞,逻辑论述混乱,拼凑痕迹明显,显然只产生了毫无价值的"学术垃圾"。

(五) 警惕"计划学术"陋习卷土重来

将工程管理方法移用于学术研究管理,将助长学术上的"计划风气",限时限刻,高度施压,按部就班,定向量产,不仅扼杀了学术创造力,还导致大量缺乏实际价值的成果被"批量炮制"。这种"层层加码"的方式默许了掺水、吹牛和造假,让"学术政绩"之歪风大行其道。

### 三、破除"学术同温层"对策建议

一是建立健全学术期刊管理和预警制度,整顿罔顾学术质量、管理混乱、商业利益至上的学术期刊,建立动态的学术期刊"黑名单",发挥警示效应。

二是严格落实期刊匿名评审和动态评审机制,效仿西方建立有进有出的动态审稿委员会专家库,对存在参与学术舞弊和协助造假的专家予以剔除。

三是探索建立学术成果公开评审评议制度。依托网络,将经过初筛的稿件在网络上予以公开,同时公布审稿人信息,实时更新审稿人的评审意见,无论是作者和读者均可以通过网络与审稿人进行对话和交流,减少学术包庇现象。

四是明确期刊采稿标准和要求,对同一作者在同一期刊的发文频率、篇幅、研究方向进行限制,防止一稿多投、微调洗稿、套题、拆分灌水等学术不端现象。

## "不知知网"某明星学术造假事件

2019年1月31日,某明星在微博中晒出北大光华管理学院博士后录取通知书,并在随后的一场直播中反问"知网是什么",正式拉开了这场大型"学术造假悲剧"的幕布。近年来,在国家不断的稽查下,学术不端的事件接踵而至,学术造假也成为社会各界广泛关注的话题。现如今,该事件更是将娱乐圈与高校捆绑到一起,这不仅透露出界内明星借"学霸"头衔炒作身份、提高辨别度,同时还反映出目前大学"学术作风堪忧""人文科研内卷化""教育公平与分层"等问题,以及科研学术背后所牵扯出的巨大利益链条。

学术造假可谓是各大高校所严防的禁戒线,但为何在如此严厉的打压下,各路"高材生"依旧顶风作案,在"红线"边缘铤而走险?

## 一、学术造假的原因

### (一)教育学术领域存在腐败问题

研究者思想认识模糊,党纪意识淡薄。教育领域中时常不同程度地存在重业务学习、轻政策法规学习的现象,特别是部分高职称人员由于缺乏必要的学习,党性观念和法纪意识淡薄。在巨大的利益诱惑面前,难以把持本心,因此走向学术不端的泥潭深渊。

### (二)部分研究人员学术无能

部分研究者,学术研究能力不足,助长了学术剽窃、论文代写等各种学术不端行为。

### (三)个人存在学术功利化

学术功利化是指一些学人的学术活动主要和间接的目的是为了获取功名和其他利益,采用商业化的手段运作学术成果。① 一些学术研究者急于求成,为赢得社会和学术界的认可,抛弃实事求是的科学态度,肆意抄袭、剽窃他人成果,一味追求量多速度快,以期达到目的。久而久之,道德沦陷,自律能力丧失,在利益的驱使下造假事件愈演愈烈。②

### (四)高校制度方面存在缺陷

首先是学术管理体制行政化。我国对学术成就的评价集中表现就是量化评估,以学术论文在何种刊物发表或者发表了多少篇(部)作为

---

① 姬国君. 从学术生态视角看当代大学学术功利主义[J]. 思想战线,2015(41).
② 唐振平,徐刚,雷炳炎. 学术腐败探源及其防治[J]. 南华大学学报(社会科学版),2005(1).

职称评定和职务升迁的考核标准,而不以学术含金量作为衡量指标。[①]其次是学术评价制度不完善。我国当前的学术评价中,人际关系起很大作用,评委间相互关照,通过同学情、朋友情、师生情等或以贿赂打通评委环节,请求评委给予关照,失去了学术评价的意义。此外,高校行政化忽视了高校作为学术机构的特殊性,把高校作为行政机关来管理,很可能造成行政权力对学术事务的过度干涉,让学术失去应有的超脱和独立,丧失自由创作的土壤。在官僚主义的作风下,在官员政绩的压力下,高校学术很可能成为滋生权力寻租的温床,从而催生大量的学术腐败行为。

(五)缺乏学术监督机构

通常学术造假事件都由高校自己单独处理,而有的院校、科研机构采取暧昧模糊的态度,甚至姑息迁就包庇使得造假事件揭露得轰轰烈烈,但是处理起来却轻描淡写。[②]此外,当前我国学术造假行为主要靠被侵权者、民间极个别的打假人士、媒体来揭示,其能力有限且不具权威性。

## 二、学术造假造成的影响

学术不端问题的泛滥甚至愈演愈烈,其实是人文科学研究不断内卷化所导致的。内卷化是指一种社会或文化模式在某一发展阶段达到一种确定的形式后,便停滞不前或无法转化为另一种高级模式的现象,只够勉强用来解决这一领域内部自己的问题,而不能对外部产生积极影响。而教育内卷化的本质,是放弃对社会现实问题的关注,而在文科内部循

---

① 刘普. 我国学术不端问题的现状与治理路径——基于媒体报道的64起学术不端典型案例的分析[J]. 中国科学基金, 2018 (6).
② 杨丽媪. 中国学术腐败忧思[J]. 观察与思考, 2009 (17).

环挖掘，制造无用的"知识"。① "翟天临事件"让我们再次直面教育内卷化的问题，这实在是一种更深层次的、更不易为人觉察的、也是危害更深的腐败。我们每年培养了世界最大规模的博士、硕士队伍，也发表了世界上最大规模的"学术论文"，但其中真正有创建性的论文极少，大量的是互相阐释、重复阐释、甚至可以说文艺青年游戏人生。学术造假对教育领域、对社会产生的不良影响极大，主要表现在以下几个方面。

(一) 学术造假影响教育公平

大多数中国学子过关斩将，千军万马通过独木桥考取博士，在读博期间投入更多精力与时间进行科研，承受了难以想象的压力和焦虑。甚至不少博士生苦读七年博士最终未能获得博士学位，而年轻演员翟天临却因为学术造假轻而易举地拿下博士学位，试问于专心搞科研考取博士学位的众多博士生公平与否？民众对于演员学术造假获得博士学位的热议，即是对学识、学术的尊重，更是对教育公平最基本的追求。教育公平是社会公平的底线。倘若此类学术不端无法得到有效制止，作为社会公平底线的教育公平将被践踏得体无完肤。

(二) 学术造假造成严重的教育和科研资源浪费

为了能够获得国家或者地方的研究资金，部分学者处心积虑想办法搞课题，但有些人基本上不具备搞科研的条件。② 在文史类的课题中，常出现过多的重复或改动下语言、用词等说法的课题论文，实际上是没有什么突破性的内容，更谈不上创新。在理工科类，数据的准确性对于研究课题具有决定性的意义，为了能够申报成功或者顺利结项，就采取

---

① 易臻真. 城市社区治理的内卷化危机及其化解——以上海市 J 街道基层治理实践为例 [J]. 人口与社会，2016 (1).
② 王瑛. 我国院校研究学术化倾向的原因分析 [J]. 江苏高教，2013 (1).

造假的方式使用他人的数据，其实按照自己的研究根本无法获取这些数据。① 最终，只会造成在教育和科研上投入大量的资金的浪费。

（三）学术造假严重破坏了国家的国际形象

我国上海交通大学的汉芯造假等知名大学学者、教授的学术造假事件，不仅令国人感到羞耻、失望，乃至对高校产生怀疑，而且使我国的学术信誉度在国际学术界大打折扣，进而损害了国家的国际形象。

**三、如何防止学术造假问题**

（一）教育部门应加强学术监督

完善相关法律法规，处理学术造假不仅需要科技界和科学界的自律，而且也需要有完善的法律手段做后盾。② 将学术造假者公布其姓名、单位、造假情节和处置决定，同时将造假行为与个人诚信记录挂钩。③ 此外，教育部应在全社会树立正确的学术观念，淡化学术功利色彩，将官位与学术成就最大程度地分开，保持科学研究的纯粹性和独立性。④ 在选举学术带头人物，或评聘带有实质利益分配成分专家库成员的过程之中，不唯个人行政职位的高低，也不唯个体学术成果的"量化"评比，只考虑将合适的职位名衔分配给合适的人，并力求公平。

（二）高校应加强道德学风建设

高校要将学术道德与诚信课程列为高校学生的必修课，强化学生学术道德意识。高校必须制定大学道德和专业准则，通过教育、行政和技术等方面的措施以及相应的惩罚手段，确保学士、硕士及博士论文、学

---

① 吴波. 一些知识分子正蜕变为"功利分子"[J]. 红旗文稿，2014（16）.
② 苗丰盛，王勇. "互联网+"时代背景下研究生学术心理浅析[J]. 农村经济与科技，2019（21）.
③ 禤展图. 学术期刊在学风建设中的把关作用探析[J]. 肇庆学院学报，2015（3）.
④ 王瑛. 我国院校研究学术化倾向的原因分析[J]. 江苏高教，2013（1）.

术论文或其他著作的原创性。① 高校应加强师生的学术道德与诚信建设，防范学术造假行为滋生。

(三) 健全学术管理、评价、监督制度

健全学术管理机制，当前最关键的就是根除"量化考核"制度，采取重质量、重内涵的管理方法。因为硬性的量化考核指标直接与收入、住房和职称挂钩，这些无形的压力导致许多人心态浮躁，不专心搞研究，转向"搞关系"拉项目，而科学研究没有长期的量的积累很难取得突破性成果，单纯追求硬性考核指标导致科研人员坐不住"冷板凳"，急功近利。在利益的对口转化过程中，许多高校学者对自身教学科研工作不思进取，却流连于承担各类商业化"横向课题"的洋流之中，且表现出对相关社会关系的维护追求高于对科研本质意义的探索追求，缺失了科学研究应有的崇高使命感。②

为此，我国可以借鉴当前国际上评价学术论文质量的两个核心指标：论文被引用次数和影响因子。健全学术评价制度，应着重做到四点：(1) 引入评价机构或同行专家评议制度；(2) 建立公示制度和异议制度；(3) 建立盲评制度；(4) 建立评价责任制。健全学术监督制度，应该侧重两方面：(1) 成立专门机构，以调查科研的真实性，受理学术造假举报，单独处理学术造假者，避免造假者单位纵容、庇护造假者；(2) 扩大监察渠道，主要包括加强学术活动的舆论监督在相关报刊、电视台，网站上定期揭露和曝光学术领域的违法违规行为，让全社会参与监督学术造假现象。③

---

① 阎凤桥.学术发展与功利主义 [J].教育经济评论，2017 (4).
② 吴善超，陈敬全，韩宇.克服学术功利化倾向，促进基础研究健康发展 [J].中国科学基金，2010 (2).
③ 邹小撑，李玲娣，童晓明.对维持大学学术自由和功利意识之间张力的思考 [J].中国高教研究，2004 (5).

### （四）颁布学术造假法律并严格执行

道德约束只能从良心层面使得科研学者遵守学术道德，但道德约束并不是万能的，仍需国家法律的刚性约束。因此，国家相关部门，应当将学术造假纳入法律范围，针对学术造假行为制定专门可行的法律，并做到有法可依、有法必依、执法必严。当造假者违反学术法律时，执法部门应严惩不贷，营造良好的学术氛围。[①]

## 替课成产业链，谁该问责？

近年来，"替课成产业链"的话题在各舆论平台、新闻中频现，高校有偿替课现象似蔚然成风。"全天候替课，完美应付各种刁钻老师，一节25元。"随意加入一个替课QQ群，类似的公告、消息比比皆是。话题的热议把高等教育及其积弊再次推向风口浪尖。

"高校替课已成产业链"新闻掀起了各大媒体平台的舆论热潮。针对该现象，"中国高校传媒联盟"于2015年进行调查，随机抽取了503名大学生，其中52.09%的大学生表示身边出现过替课现象。在QQ群查找中输入"替课"，便出现200多个的替课群，遍布全国各地，群内人数不等，少则100多人，多则将近2000人。

### 一、替课"产业链"发展现状

#### （一）"替课交易"的运作

替课交易到底是如何进行的呢？首先，加入替课QQ群、微信群，有替课需求时只需在群里发布信息，如"明天上午七八节求一名女生

---

① 吴波．一些知识分子正蜕变为"功利分子"[J]．红旗文稿，2014（16）．

代",很快就有人接单找雇主私聊,进一步商定价格、交代具体信息和要求。其次,双方商定成功后,雇主会在群里说明"已接单",替课者完成任务后一般以课堂照片反馈,双方确认后,雇主便可通过支付宝、微信等支付平台转账付款。价格以25元起步,依时长而定。再次,如果遇上随堂小测、回答问题等情况,还得额外加钱。整个过程,双方无需见面,更不清楚对方真实身份。最后,如果是在"替课中介"的群里,替课者则被禁言,所有"生意"由"中介"统一接收、商谈和安排,并从中以管理费、手续费、差价的形式盈利。

(二)"替课产业链"的特点

一是"替课中介"快速兴起、服务完善。随着替课需求的升级,"替课中介"推出了从替课到写作业、替考的"一条龙"服务,更有"包月""包学期"服务,将某一时间段的课程让固定的人"承包"。除了替课,"业务"已经延伸到替拿快递、替饭、替党课、替跑、替早操、替体测等,甚至还能替就寝,可谓无所不能。"口碑"壮大后,一些"替课中介"甚至打造出自己的logo、口号,发展"分部",逐渐演变成颇有模样的"产业链"。

二是依托网络社交平台、支付工具。替课均借助QQ、微信、支付宝等网络社交平台和支付工具进行,具有线上交易的特点。"中国高校传媒联盟"的调查显示,在有替课经历的大学生群体中,46.18%的人是通过QQ、微信、微博等平台直接发布或收到替课信息。不少所谓的创业团队瞄准了这个市场,创建各种替课平台,如"超级课程表"的APP,现在沦为了替课信息发布软件。

三是"替课族"多为在校生,收入可观。替课群体中最活跃的是广大在校大学生,因其任务简单、交易方便、利润可观等特点,已成为大学生兼职的新兴选择。许多学生纷纷加入"中介"团队,有替课学生表示每月可赚2000~3000元,可谓收入颇丰。

四是公共课成重灾区。替课现象多发生在马克思主义原理、英语、语文等公共课上。有些学生认为这些课程不大重要，但是考试成绩又与出勤挂钩，而且都是大班教学，老师不认识学生容易蒙混过关，因此纷纷选择替课。

### 三、舆论观点

（一）学生群体

在"中国高校传媒联盟"的调查中，51.90%的大学生认为"与实习或课外实践相冲突"是选择替课的原因。同时，有44.65%的大学生是因"课程枯燥或者对课程不感兴趣"而选择替课。但是，仍有3.45%的大学生是"任性就是不想上课"。有些学生认为，老师上课无聊枯燥，所学内容无实际意义，与其浪费时间上课不如做些自己想做的事。也有学生表示有时的确有事需要请假，可是请假制度过于严苛，成绩又与出勤挂钩，替课实属无奈之举。

（二）高校老师

兰州大学新闻与传播学院教师石萍认为，找人替课是学生缺乏责任感与担当力的表现。"又想要学分拿文凭，但是又不肯脚踏实地上课学习，这是一种投机取巧的行为，同样也是在破坏社会的诚信体系。"华南理工大学马克思主义学院周云则认为，既然一些学校存在这样的替课行为，就值得学校和教师们反思。"如今大学替课成为一种产业，学生这么做当然是难辞其咎的。但是，一些课堂和课程缺乏吸引力也是重要原因之一。如果教师继续采取'填鸭式教育'，这种情况只会愈演愈烈。"21世纪教育研究院副院长熊丙奇说："我认为大学生花钱找人替课不只是大学生自身的问题，而是当前整个大学教育教学出了严重的问题。"清华中欧关系研究中心主任张利华教授说："高校有偿替课悄然成风？有事实、数据和充分的证据吗？如果没有充分的调查研究和铁的证据,就贸然下这个结论,也许是一种夸大的媒体炒作。"

(三) 网友

梳理各平台的舆论观点,网友对"替课"现象原因看法不一:一是批评学生,认为学习是学生的天职;二是质疑老师,认为学生逃学,老师难辞其咎;三是反思教育,提出对整体教育制度的反思。

### 四、替课现象原因分析

(一) 高校教育体制

一是考核制度上的"严进宽出"。经历严格、激烈的高考竞争后进入象牙塔的大学生们,长期的压力瞬间得到释放,面对大学课堂表现出的已是厌倦、疲惫。与此同时,大学相对宽松自由的学习环境、形式化的考试制度、缺乏健全合理的淘汰机制,使得"有心"的学生更容易放松懈怠,滋生"应付"心理。

二是评估体制上的"重科研、轻教学"。现行的高校教师评估体制注重教师的科研水平,职称评定与教师取得的科研成果息息相关。与此相对,课堂教学在评估中相对弱化,导致部分教师沉浸于科研而忽视自身教学能力的提升,上课对着课件照本宣科,形式枯燥、无聊,难以激发学生兴趣,甚至出现对教学任务敷衍了事的态度。

三是课程设置和管理制度上的不合理。部分课程缺乏实用性,与学生学习和工作需求、社会发展相脱节,使得学生群体中兴起"上课无用论"。课程的时间安排上没有考虑学生实际情况,一方面是学生面临上课与实习、考研的冲突,而另一方面却是管理上的过分约束,为避免逃课,对学生合理范围内的请假需求一味压制。这样的情况下,学生为了保障出勤,便产生替课需求。再加上公共课大班教学的授课模式,师生之间彼此陌生,更让"替课族"有机可乘。

## （二）大学生思想认识

一是大学生对自由精神的错误理解和严谨学术态度的缺失。许多大学生将考勤制度视为对大学民主自由精神的泯灭，这实际上是扭曲了对大学自由学风的理解。大学学习的自主性应体现在自我管理、独立思考上，是学术氛围上的自由开放，而非过度强调学习态度上的放任自流。

二是大学生"替"思想泛滥。除了替课，"替服务"还发展出替早操、替领快递、替寝等内容。当花钱雇人成为大学生解决问题的惯用手段，反映出的可能是其思维方式里一种"唯钱主义"的苗头，认为用钱可以解决一切。这些现象背后隐藏的可能是被很多大学生广为接受的做事逻辑——不愿付出相应努力，却希望得到回报，因而采取弄虚作假、蒙混过关的手段。若听之任之，可能会发展为更严重的金钱交易，影响诚信观、价值观养成。

## （三）网络社交、支付平台

大学生逃课、找人替课已是老生常谈的问题，有偿替课则是新时期下，老问题的新表现形式。替课的商业化、产业化发展离不开QQ、微信、支付宝等网络社交、支付平台的助推。网络社交平台使学生寻找替课对象的范围从熟人扩大为陌生人，从线下发展为线上，资源更广，成功率更高，不受地域限制。网络支付手段的普及更是为这种陌生人之间的交易提供便利。

## 五、高校替课现象对策

### （一）教育部门

一是调整高校"严进宽出"体制，建立合理的大学生学业评估制度和高校毕业生资格审核制度，提高对大学生学习和毕业资格的要求。二是调整高校教师评估制度，加大对教师教育教学能力的评估比重，评估要注重学生对教师的满意度调查。三是通过教育部门的积极运作，联合公安、网监等部门打击破坏高等学校教育生态环境的盈利代课组织或个人。

（二）高校

一是调整课程设置中不合理之处，科学开设课程，细化学生发展方向的分流，提高学生选课自主权，在本校有限的课程资源内环境下，积极开展校际合作，可以联合培养、跨校选课、学分互认等形式，最大程度保护学生对所选课程的兴趣。二是提高考核方式的有效性，重视学生课堂表现的考核，增强考核内容和形式的多元化。三是加强出勤管理的人性化，满足学生合理请假需求。四是加强学生创业观教育和学风建设，开展正确创业选择的主题教育，帮助学生树立正确创业观；开展大学生生涯规划指导工作，将学风建设列为日常工作。

## 慢就业：缓解就业压力的良药？

每到一年一度的毕业季，大学生找工作的话题总会再一次被舆论聚焦。据统计，2017年全国高校毕业生总量达795万人，比2016年增加30万人，竞争的激烈可想而知。然而，在"就业难"的背景下，许多大学生毕业后并不急于马上就业，而是暂时选择游学、支教、志愿者、考研、在家陪父母或者创业考察，这种现象被称为"慢就业"。据调查显示，近年来，"慢就业"群体有逐渐扩大的趋势，一份针对2016年高校毕业生毕业去向的大数据报告显示，2016届高校毕业生当中，有4.8%的"95后"选择"慢就业"，预计2017年这一比例还会进一步提高。在原因统计中，"找不到满意的工作"成为大学生选择"慢就业"最主要的原因，其次是"希望能够理性寻找发展方向，不愿意在没有找到方向前被具体工作束缚"，而"准备自己创业""要考研""想做自由职业者"等理由也位居前列。①

可见,"毕业即工作"的择业观在内地渐"松绑"。不少人认为,在未找到合适的人生道路前,给自己适当的时间思考、尝试,也不失为一种理性的选择。但还是有大量质疑的声音存在,认为"慢就业"实为逃避就业的借口,最后还有可能演变为啃老。

## 一、如何看待"慢就业"

### (一)"慢就业"的诱惑

一是丰富社会经验的"完美借口"。"慢就业"是国内近两年兴起的现象,但在国外已并非新事物,在国外大学毕业学生中,不少选择"间隔年",即大学毕业之后不马上就业,而是去做自己想做的事,比如到海外游历、参加志愿活动,从而增加见闻、提高社会阅历,为自己下一步的人生发展做出更好的思考与选择。正所谓"磨刀不误砍柴工",这种行走和"晃荡"所带来的历练是书本上学不到的,有助于大学生更好地了解社会、丰富阅历、开拓思维和视野。在此期间积累的人脉、资源,以及对自身学习品质和能力的锻炼,能为未来自己的工作、创业、研究打基础,终将成为人生的一笔财富。同时在社会的洗礼中更好地认识自我,明确自己的人生方向。

二是人生试错的"恰当理由"。许多大学生找不到工作的深层原因来自对未来人生道路的迷茫,这种迷茫表现为:不知道自己喜欢做什么,不清楚自己究竟能做什么,不知道要找什么样的工作。中学时代埋头苦读拼高分,到了大学失去主动性,开始混日子,使得部分大学生在还未认真思考今后的人生、对自己的前途还缺乏成熟的看法时便步入社会竞争的洪流,迷失方向,不知所措,亦或随波逐流、盲目跟风。人生

---

① 张轶辉,毕亚玲,杜小明,等."慢就业"成因探析及其应对策略[J].河北农业大学学报(农林教育版),2018(4).

的选择不可能一步到位，在没有充分挖掘自身潜力和了解自身兴趣之前，我们很难真正实现人生价值。"慢就业"给年轻人提供了试错的"理由"，在一定的时限内尽可能地尝试自己感兴趣的事情，在这种碰撞、磨合中实践自己的想法，找到兴趣与能力的平衡点，从而获得更加成熟完善的人生规划。

三是寻找理想职业"跳板"。人社部官网上一项名为"产业转型升级下的高校毕业生就业研究"调查发现，毕业生就业的不稳定性在增加，毕业生在就业半年内的离职比例也较高，平均在35%左右。盲目或仓促就业可能带来的高跳槽率、消极就业等后遗症不容忽视。相比之下，有些主动"慢就业"的毕业生，在就业理念方面可能比想象中更成熟。比如，他们会更加看重专业是否对口、薪酬是否合理、职位是否具有上升空间等，比起可能要承担"入错行"的代价，他们宁愿再等等看。

（二）"慢就业"的弊端

一是受招聘条件和政策所限就业机会减少。如今，用人单位的招聘条件一般分两种：一种是高校应届毕业生，一种是有工作经验的职场人士。而对于既不是应届毕业生又缺乏工作经验的"慢就业"的群体，用人单位往往有所顾虑，对长期处于工作"空白期"的"慢就业者"能否满足工作需求产生怀疑。其次，许多招聘政策也与"慢就业"不接轨，比如，不少地区为引进人才而开设的"绿色通道"政策，除了设有"985""211"的学校门槛外，还往往有"应届毕业生"的身份限定。如此政策背景下，"慢就业"意味着凭空失去很多机会。一方面，社会对于"慢就业"群体的认识还存在争议，另一方面，该如何向用人单位展示自己的能力，证明这段"空窗期"对于自身积淀的意义，是每一个打算选择"慢就业"的大学生需要认真思考的，以防在就业大军中落伍。

二是承受物质和心理双重压力。"慢就业"意味着没有稳定可靠的经济来源，许多选择"慢就业"的大学生在维持生活上可能还离不开父母的支持，在一部分人看来这其实是变相的"啃老"。同时，"慢就业"并不等于"不就业"，"慢就业者"仍然要面对就业竞争，承受由此带来的心理压力。河北省心理咨询师协会常务理事李巍强调，"慢就业"并非适合所有人，"抛开精神层面来看，'慢就业'需要高昂的经济和时间成本，是一种奢侈行为。"由此看来，打算选择"慢就业"的大学生还需要有良好的自我心理疏导和抗压能力，并且能够自我管理，才能真正有效利用这段缓冲期，起到为迟来的就业竞争做好良性准备的作用。

综上所述，大学生选择慢就业，不能只考虑个人因素，应理性看待当前社会，将个人的命运与社会的需求与发展相结合，将自身置于社会的大背景之下，妥善思考自己的站位与所处的角色，不随性而为，而应理性思考，既不压抑自己在择业中的个人兴趣需求，也不一味理想主义，浪漫情怀，以此作为"慢就业"，甚至"不就业"借口。

**二、"慢就业"现象启示**

（一）国家应出台政策，帮助"慢就业"大学生群体实现职前规划

大学生"慢就业"有利有弊，但不可否认，大学生"慢就业"群体真实地存在着，且逐年壮大。于国家层面而言，首先需要根据相应的社会经济现状，出台相关政策，因势利导，鼓励支持大学生尽快就业，对处于"择业期"，还暂时无法安定下来的大学生"慢就业"群体，应建立相应的台账，帮助他们实现职前规划，使其"定心定向"，尽快就业。

（二）地方可配置相应资源，帮助"空窗期"大学生进行自我提升

根据国家出台的政策和相关精神指导，地方在就业资源的配置上，可提供相应的实习、见习岗位，吸引"慢就业"大学生群体积极参与，并在限期结束后开具相应证明，并在招聘实践中承认其作用。

（三）大学生莫以"慢就业"之名啃老

在看待"慢就业"现象上，最重要的应是与"不就业"予以区分，"慢就业"不是"不就业"，它的出发点和立足点是毕业生的个性化发展，是一种不随大流、不盲从的就业心态。大学生在考虑是否选择"慢就业"时应避免落入畏惧就业、逃避就业的误区，即一直迷茫，不去行动，以慢就业为理由，实则找了个啃老的借口。那些靠父母供养，自己一无所长，缺乏独立思考能力的人，终将无法摆脱困境，活生生变成一个巨婴。因此，"慢就业"也应有个合理的期限，在这一期间内应拒绝啃老、拒绝懒散和堕落，主动思考，积极行动，才能实现"慢就业"的价值，最终找到适合的人生道路。

## "95后"就业观"四不"新特征

据Intel联合大街网调查显示，职业发展空间、薪酬福利、工作软环境成了"95后"员工离职的三大因素，分别占78.8%、68.2%、45.6%。在山东大学2019届毕业生秋季就业双选会现场，有毕业生向招聘方打探：有没有健身房；有没有上下午的茶歇时间。引起网友热议。该现象被媒体以《"95"后就业 不爱高薪爱健身房》为题刊发文章，微博话题"#95后就业观#"话题阅读量高达2045.27万，讨论量高达54.2万，"#95后求职不问工资#"的微博话题阅读量高达1.1亿，讨

论量高达 37.2 万。这其中，既有职场"前辈"对其"好逸恶劳"的就业观发起了批判，也有职场"菜鸟"对其"注重品质"的择业要求展开了阐述。如此一来，"'95后'就业观很迷"也成为近期网络流行语，用来表示对新生事物的迷茫和不解，也暗含了"脱离时代步伐"的自嘲。

### 一、"95后"就业观区别显著

如果以年代为分界线进行划分，70后、80后、90后的就业择业观显然各有偏好——对于"70后"来说，其追求"稳定铁饭碗"，相比工作是否快乐等问题，其更看重职业的稳定性，而"养家糊口"是其选择职业的首要考虑因素；"80后"深受港台文化和西方文化的影响，加之感受到改革开放后社会物质财富的极大富足，其更关注职业的薪资待遇和物质保障；"90后"虽是与"95后"最为接近的一代人，但面对谈婚嫁娶问题的他们生活压力骤增，也正经历着"职场天花板"的困顿期，此时此刻其更看重个人的职业发展空间。相比之下，"95后"只在意"下午茶和健身房"的就业观念显然更看重职场氛围、福利保障和工作文化，轻松、欢愉和平等是"95后"择业的考察重点。

"95后"在互联网、即时通信、MP3、智能手机和平板电脑等科技产物影响下成长，其父母乘着改革开放东风为其提供了较为优渥的物质条件，故其自出生伊始便拥有高度的话语权，表现出搞笑幽默、喜欢自黑、个性鲜明、向往美好和兴趣驱动等群体特征。同时，其也存在着依赖他人、主动意识差、人际交往界限意识欠缺等问题。概而述之，其既追求"诗与远方"，但又不愿忍受"眼前的苟且"，故呈现出"理想化"的特点。

### 二、"95后"就业观新特点

"95后"成长的时代物质极为丰富，互联网经济蓬勃发展也让青年话语权和选择权持续膨胀。社会对人的成就标准衡量，从传统的成家立业、求富求贵到如今追求"出名趁早"和"年少有为"。正因如此，"95后"更在意自我价值的实现，更追求职业发展的潜力，也更注重个人兴趣喜好的契合度。在此情况下，其就业观呈现出新特点。

（一）不将就

不将就指的是"95后"找工作不只是为了谋一个"饭碗"，而要匹配自身兴趣和向往的生活方式，不愿意按照父母意愿和规划"四平八稳"过一生。

一方面，高薪不是首选。在智联招聘发布的《2018应届毕业生就业力调研报告》中，应届毕业生选择"实现个人价值"的人数是选择"挣钱"的近两倍。对"95后"而言，即便是用人单位愿意支付高薪，但假如没有匹配的福利政策，或者工作强度过大导致透支身体，反而会影响生活质量。这对已经感慨"脱发是最大困扰"的"95后"而言是难以接受的。更何况，对传统的"先干两年累积资本"的职业观，"95"难以苟同，而"千金难买我乐意"成为了其拒绝用人单位的重要因素。

另一方面，关注兴趣匹配和工作氛围。在智联招聘2019年的报告中，41.70%的应届毕业生认为，找工作时最看重的因素是"工作是我实现个人价值的重要部分"，26.97%的应届毕业生认为"工作必须符合我的兴趣，做人开心最重要"。2016年7月，腾讯公司通过对日均8400万次的"95后"网络浏览及主动搜索行为数据以及对13000名"95后"高校在校生进行的问卷与走访调查，得出的调研报告显示：在抖音、斗鱼、虎牙等直播平台大行其道的当代，超过8%的"95后"希望在毕业后尝试主播职业，其排名分别为网红、声优、化妆师、Coser（角色扮演师）等。究其原因，因为这类职业娱乐性强、门槛低、自由度高，而且和个人兴趣高度相符。

2017年7月,一份调研报告显示,"95后"更追求一种工作与生活之间更平衡、更自洽的职场状态,而"被领导/同事教做人"则位列"最讨厌的职场行为榜"榜首。对其而言,无论是无用的心灵鸡汤还是耳熟能详的"社会法则",难免使之感到逆反。对"95后"而言,其不希望领导和前辈"出口成脏",也不希望被全盘否定,而是希望通过职场历练提升自身能力。

## (二)不顺从

不顺从指的是"95后"毕业生在职业选择过程中,不再循规蹈矩扎根一线城市,对于"好前程"也有不同的定义,择业自主性增强,不再一味听从父母安排。

一方面,一线城市不是首选。相较一线城市而言,95后毕业生更热衷于杭州、天津、南京等新一线城市。BOSS直聘研究院发布的《2018年Q3人才吸引力报告》数据显示,人才吸引力指数前五的排名重新洗牌,杭州成为"95后"毕业生最想就业的城市,北京不再是"95后"毕业生最向往的地方。另外,艾瑞咨询、贝恩咨询等公司的调研报告也显示,"95后"对新一线城市的就业满意度趋近甚至高于一些传统一线城市,麦可思研究院的调查指出,2018届毕业生就业首选"新一线"城市比例(37%)超越传统一线城市(31%)。究其原因,"95后"认为主导其选择城市的关键要素在于交通便利、落户手续少和生活品质高。

另一方面,对"好前程"的定义不同。2018年11月,智联招聘发布"2018中国年度最佳雇主"评选结果。在本次评选中,2018年"95后"毕业生就业去向出现两大新变化:一是"外企热"有所降温,2018年意向外企的"95后"比例下降5.7%;二是私企就业意向有所回升,占比为23.1%,增加4.7%。同时,今年选择自主创业者占比为4.5%,比去年增加0.5%。这说明对于"95后"毕业生来说,工作强度大、职业光鲜亮丽的外企、500强不再是他们心目中非去不可的公司。相比之下,"爱折腾"的"95后"更希望加入本土企业,或者有发展潜力的初创型公司,亦或是亲自操刀进行创业实践,以此实现自己的人生价值。

(三)不着急

不着急指的是"95后"就业不再追求快速确定职业路径,打通职场晋升的"快车道",而是在反复试探和取舍后,实现"弯道超车"。

一方面,快速就业不是首选。过去,就业压力从大三的实习期便开始蔓延,无论是"校园秋招季"的"拔得头筹",还是"春招"时的"激烈厮杀",都让毕业生坚信"就业要趁早",否则"好工作都被人挑完了"。但是,"95后"在毕业后却愿意暂时选择游学、支教、在家陪父母或创业考察等,慢慢考虑人生道路,衍生出"慢就业"的现象。在腾讯公司2017年的报告中,"95后"毕业生选择不就业的占总数48%,而不喜欢朝九晚五的工作、不喜欢复杂的人际关系等都是其选择"放慢脚步"的原因。与此同时,教育部统计数据显示,2018年考研报名人数238万,比2017年多37万,增长18.4%。2019年考研人数再次大幅增加,全国考生规模达到290万人,比去年增加了52万人,增幅21%。"95后"毕业生更愿意学习深造成为了新趋向。

另一方面,偏好"间隔年"沉淀自我。腾讯公司发布的《2017年毕业生职业选择》调研报告显示,"间隔年"排在了毕业生"毕业后最想干的事情"排行榜第五名,占比达4.8%。这项源于西方国家高校的休旅方式正逐步渗入中国,而不少"95后"也选择在毕业之后,用一段时间去旅行、做义工,感受不同地方的生活状态,给自己一个周期来决定未来。调研数据显示,"95后"最向往的"间隔年"方式是教育义工(76%),服务业(8%)、工厂工人(7%)、医疗义工(5%)、环保义工(3%)。此外,"95后"最向往的间隔年目的地并非繁华大都市，更多人选择了慢节奏的闲适小城。

（四）不稳定

一方面，"铁饭碗"不是首选。2017年6月，58同城发布的调研报告显示，体制内的"铁饭碗"工作不再受"95后"青睐，仅有8.47%的受访者表示非体制内工作不选，而高达43.9%的受访者表示"被父母逼迫报名公务员考试"，61.2%的受访者指出参加考试其目的是"为了积累考试经验"。相比之下，房地产/建筑、电子商务、投资/理财、文化/娱乐/休闲等行业均成热门选择。同时，"95后"也指出，"铁饭碗"的工作内容重复枯燥、挑战性低、浪费时间，甚至"20岁就能看到50岁生活状态"。因此，挑战性高、工作内容多元、同事年轻化的新兴职业更受关注。

另一方面，"闪辞"和"裸辞"成为新常态。2018年8月，领英发布的"第一份工作趋势洞察"数据显示，"95后"的首份工作在职时间显著缩短，平均7个月就离职。58同城的调查报告也显示，从行业上看，餐饮/住宿、文化娱乐、医药、金融和房地产成为"闪辞"重灾区；从地域上看，一线城市的"闪辞"比例远高于二三线城市；从岗位上看，销售、收银、后勤、保洁"闪辞率"最高，文案策划、新媒体"闪辞率"也高达32.35%。

同时，"95后"首份工作在行业选择方面呈现显著的集中化趋势，超过1/3的95后毕业生进入了互联网和金融行业；而首份工作往往都不是理想工作，日后转行比例逐年增高。与此同时，"一言不合就辞职"（裸辞）的现象也在攀升。中国青年报社社会调查中心联合问卷网，对1972名受访者进行的一项调查显示，22.5%的受访者"裸辞"过，49.4%考虑过"裸辞"。不满意薪酬福利（52.1%）和不适应企业管理制度模式（51.4%）被认为是"裸辞"的主要原因。

"95后"的就业观呈现出鲜明的时代特征，而教育管理工作者应因势利导、因时而进,为"95后"的求职就业提供更多实质性帮助。

## "天价实习",实习乱象如何禁绝?

2017年7月19日,《中国青年报》曝光某中介机构将实习机会明码标价,甚至表示"可内推,保证有offer",费用则在万元以上。在"目标offer及费用"一览表中,中介机构对不同行业、不同类型的企业做出明确分类,最贵的是外资投行,实习机会标价5万以上,最便宜的则是国内的快消品和互联网企业,标价为1.98~2.68万元不等。消息一公布,则引起了全社会激烈的讨论,相关舆情量在24日到达顶峰。

**一、近年实习乱象盘点**

(一)陕西交通职业技术学院公路运输管理专业的240名大二学生被安排至快递公司顶岗实习,工作10小时,劳动报酬仅10元。[①]

(二)广西来宾职教中心学校领导及就业指导办主任,借学生顶岗实习之机,向企业索取"管理费"39万余元,因受贿罪被法院判刑。[②]

(三)天津铁道职业技术学院私自与企业签合约,且条款对学生保密,强制学生交500元管理费,不遵守即取消毕业证。

(四)郑州信息科技职业学院一留校毕业生在实习期间被无故拖欠工资达2个多月,且被以身高不足口头辞退。

(五)兰州外语职业学院强迫学生去电子厂等各地实习,且同工不同薪。天天上夜班,工厂有辐射,学生出现大面积红疹。

---

① 林德华. 有效实习:职教质量提升"最后一公里"[J]. 江苏教育(职业教育版), 2017(4).
② 骆晓一. 论高职院校实习实训对学生创新创业能力的提升[J]. 经济研究导刊, 2018(2).

（六）百度阿里均存在大学生实习证明买卖，伪造实习证明、网销模板、刻印公章、私人订制、百元包邮已形成一套完整的产业链。

## 二、各方观点

（一）网友观点

一是盲目追求名企实习。实习机会意味着接触尖端行业，认识职场大牛，拓展更多人脉，将成为进入好行业的"敲门砖"。有需求、有市场，市场经济自然催生实习标价。

二是找工作不仅靠自己，更要拼爹妈。天价实习让寒门学子的上升阶梯被抽离，阶级日益固化，加剧社会不公平。

三是实习标价领域多位于金融、IT、教育等领域，中介多分布在一线城市，可看出职业机会不均等，实习待遇和条件存在巨大差异。

（二）学生观点

一是金钱换机会，家庭条件无力负担的工薪阶层无力消受，天价好实习自然只能是"权贵的游戏"。

二是出国、就业、填充简历催生需求，直接购买相应实习机会、省时省力，是市场经济选择的结果，存在其合理性。

三是社会择业平台缺失，信息沟通不畅，准毕业生实习岗位和工作岗位不匹配，顶岗实习变成"临时工"，实习生沦为"廉价劳动力"。

（三）媒体观点

一是求职帝：实习标价，助长社会资源占有不公。教育资源已经被双一流高校垄断，实习机会也要步人后尘，造成两极分化严重。

二是环球时报：纵容实习机会明码标价，是名企在自毁羽翼。用金钱换取实习机会削弱竞争的充分性和公平性，造成内部纪律涣散。

三是新浪教育：机会能够"内推"，能力如何"购买"？靠着权势换得名企入场券，但能力不足，眼高手低，依然会黯然退场。

(四)专家观点

一是中介机构"付费内推"做法涉嫌侵权。购买实习损害公平,加剧全社会的马太效应,助长歪风。

二是"标价实习"是企业之耻,将机会和金钱挂钩,也就将优秀的人才拒之门外,留下贪婪、涣散的印象,无异于自毁企业形象。

三是用钱购买晋升的机会,给学生们树立了"钱是万能的"错误价值观,也是人力资源过度炒作的结果。

**三、出现实习乱象的原因**

(一)国家政策方面

一是高校学生扩招与实习体制欠缺,暴露顶层制度设计短板。自扩招热催生了庞大的大学生群体后,用人单位对毕业生的实践经验要求越来越高,而我国并未出台新的有关实习的政策,相关法规长期缺位,涉及实习各方的权利义务和利益关系得不到制度性调整。①

二是缺乏可操作的政策鼓励企业支持实习活动。我国现行大学生实习制度不健全,未形成政府、企业、学校三位一体的有序格局,存在实习生处于自流状态,监管不足的问题。②《教育法》虽然赋予了国家机关、军队、企业事业组织及其他社会组织为学生实习提供帮助和便利的义务,但却没有出台具体的法规来落实。③

(二)高校实习管控方面

一是高校难以管控实习内容,指导缺位。由于实习基地缺位,学生

---

① 张桂林,蔡永鸿. 高等院校学生实习的制度缺陷与改革探析 [J]. 高等农业教育,2014(10).

② 刘敏. 国外大学生实习制度及对我们的启示 [J]. 河南商业高等专科学校学报,2012(6).

③ 李文康. 高校学生实习权探析与立法研究 [J]. 西南农业大学学报(社会科学版),2011(12).

实习的分散性、所习与所学的不对称性等原因，往往使高校实习中的指导流于形式，把学术性的指导演化成对实习学生生活起居的安排与照管活动。①

二是校企信息沟通不畅，招聘信息不对称性。高校缺乏针对大学生的职业指导体系、专业的职业顾问等，加剧了毕业生对劳动力市场的迷茫。同时，高校的职业服务体系长期缺位，让校企间信息不对称加剧，毕业生对自身的缺点和能力了如指掌，而用人单位却无法完全掌握具体、详细的信息，使得双方在协议书签订前后容易产生逆向选择和道德风险。

三是过度强调实习的奉献作用，维权不力。高校过度引导毕业生要"吃一堑长一智"，依靠实习"积累经验""沉淀自我"，但对于实习过程中出现的拖欠工资、安保缺失等问题却维权不力。同时，相关实习补贴拖欠不发，违规收受"管理费"等，反过来助纣为虐。

（三）学生就业需求方面

一是实习专业不对口，学生在实习中难以学到实质性知识。一些单位出于对短期人力资本的需要，并基于"3F－分工、费用、风险"顾虑，仅招纳实习学生做临时工作人员。这些临时工主要从事派发广告传单、酒店服务员、兼职刷单等工作，与所学专业脱钩，仅仅是一种短期、廉酬的就业形式。

二是基于就业困难背景下，实习机会需求激增。就业难的背景下，毕业生找工作的程序被一再提前，实习目的从过去的专业实践转而直接指向了就业。"标价实习"同时满足了毕业生对高含金量的实习机会的需求以及企业通过实习经历来了解毕业生的需要，因而拥有一定的"市场需求"。

---

① 张桂林，蔡永鸿. 高等院校学生实习的制度缺陷与改革探析［J］. 高等农业教育，2014（10）.

**四、解决对策**

**（一）建立健全各种实习制度，严格落实实习管理规定**

通过法律明确企事业用人单位在负担实习上的社会责任，明确大学生的劳动地位，明确学校在分派学生实习过程中的相关规范和惩罚措施。如出台《实习生管理条例》，制定实习管理细则。用人单位与高等院校不得私下商定任何有关金钱利益输送的协议，并在未征得实习学生同意的前提下用毕业证、校规校纪处分等有关学生核心利益的事务强迫学生参与不合规、不合法的社会实习。

**（二）教育主管部门加大巡视、惩处力度，开通维权通道**

重点核查学校是否违规收取"中介费""管理费"，核查学生是否安排在专业对口岗位实习，实习内容是否与专业学习内容一致；核查顶岗实习总结鉴定，评判是否达到了预期实习目标。对于实习过程中三方责任主体中所出现的侵权行为，教育主管部门要及时向外界公布检举电话，畅通维权通道，积极核实侵权事件的原委，妥善处理侵权事件中受害者的利益损害问题。

**（三）改"顶岗实习"为"跟岗实习"，根据专业设置不同实习时间**

根据文理科不同、专业特性适当缩短顶岗实习的时间，延长在校的实训和教学的时间，实现错峰实习。改"顶岗实习"为"跟岗实习"，对于特殊的专业类别，如师范类、医药类专业的实习，要加大实习管理力度，跟进实习管理过程、畅通实习管理口径，完善实习过程衔接，最大限度保障实习成效。

**（四）加大政府对学校实习的调控和扶持力度**

在教育财政支出中设立大学生实习补贴专项资金，并做到专款专用，使实习资金的划拨、下发、管理、使用在清晰而又明确的台账下运转，推动设立大学生实习保险等。由社会保障、工商、教育等行政主管部门和行业协会共同组建大学生实习服务机构，免费向大学生提供实习政策咨询、供求信息等方面的服务。①

---

① 刘建平，张凤宝. 关于解决工科大学生"校外实习难"问题的提案［J］. 大学（研究版），2015（7）.

# 第六章 新潮 or 反常——青年的社交婚恋

## 引言：婚恋社交我做主

马克思说过："社会是人们交互作用的产物，交往是人类的必然伴侣。"人是社会的动物，社交是人的基本需求。"没有人是一座孤岛"，与人交往是需要我们一生学习的功课。在青年的综合素质中，社交能力是非常重要的一部分，是帮助青年大学生从学校走向社会的一项重要技能，更是青年的人生必修课。帮助正处于"心理断乳期"的青年形成正确的社交婚恋观，将对其未来的社交、婚恋和人际交往产生积极影响。

## 一、青年社交特点

### （一）社交方式快餐化

随着新媒体技术的不断发展，人际沟通方式显著变化，社会交往呈现"快餐化"现象。青年由于各种原因文化生活空间被挤压，现实生活空间被压缩，选择快节奏的社交方式，迅速抱团，形成圈层，但又极易由于某种原因解散。快餐化的社交方式导致社交圈层的流动性增大。

## （二）社交内容娱乐化

新生代热衷文娱和追星消费，这个特点同样也会在社交分享中有所体现。伴随着越来越多的内容支持分享到各个社交工具和平台，社交如今的意义早已超脱了交流必要消息的范畴。由于社会阅历尚浅，校园生活和娱乐明星的内容是新生代社交分享的重头戏。

## （三）双重面孔凸显化

实际上社交也可以划分为两种，现实中的社交和网络社交，网络社交即以社会化网络软件为依托而形成的人与人之间的关系。一个在现实生活中沉默寡言、内向害羞的人在网络上依旧可以混迹的风生水起，网友成群。从某种意义上来说，我们如今生活在双重世界中。人们在互联网中构建了一个虚拟世界的身份，这个虚拟的自己在日常消费如网购和其他生活服务的时候大多呈现出和"现实的自己"相符的行为。而在兴趣关注、网络社交等"精神消费"中，人们更容易释放出在现实中被压抑了的自己，或者积极构建理想化的自己。

## （四）社交平台多样化

根据艾媒咨询发布的《2019年中国移动社交行业专题报告》数据显示，受访网民使用的移动社交产品较为多元，其中使用频率最多的三种移动社交产品分别是微信、QQ、新浪微博，占比分别为73.7%、43.3%、17.0%。微博、微信、QQ等社交软件为青年群体进行自我主体构建提供了良好的实现平台。比起E-mail、BBS、博客等媒体，现代社交媒体在发展过程中，逐步呈现出个性传播与公共传播这两大显著特征，对于青年自我认同具有很大的协同作用，这使得青年在沟通、交流以及表达的过程中更加明确自身是怎样的社会人。同时青年在使用社交媒体中，也展示了成长中的心理微妙变化过程，最终体现了其对于自身社会角色的期待。①

## 二、青年婚恋的特点

婚恋,一个年轻人不可回避的课题。随着时代的发展,青年的婚恋自主性、婚恋方式、择偶标准、性开放程度、婚姻状况与男女家庭地位都已发生了较大的转变,并随时代发展而不断显现出新的变化和特征,呈现出了一些新兴的婚恋观念与婚恋行为。② 当代青年婚恋观总体呈现以下特点。一是择偶方式多样化。随着经济的发展,网络技术日新月异,社会流动的显著增强,择偶方式渐趋多元,从亲缘、地缘扩展到业缘,择偶机会大大提升,择偶空间逐步扩大,择偶意识更加自主化。二是择偶标准多元化。团中央网络影视中心与"青年之声"婚恋服务委员会 21 日联合发布《当代青年群体婚恋观调查报告》显示,当代青年择偶更注重"内在的匹配度","人品"和"性格"是青年择偶时最为看重的两个方面,"健康"和"能力"也是重要因素。相比传统观念中的"门当户对",当代青年择偶呈现更加多元化的特点。③ 在对待性的态度上,青年性观念逐步走向开放,性道德观念淡化,对婚前性行为的认可度变高。④ 三是婚恋形态多样化。现如今,在便利的网络社交载体的加持下,社会上出现闪婚、裸婚、试婚、网婚等多种婚恋形态。

## 三、青年社交和婚恋观变化的原因

青年社交和婚恋观的变化是主客观原因综合起作用的结果,主观方

---

① 李强. 社会资本与自我认同:青年社交媒体使用研究 [J]. 新闻爱好者, 2018 (6).
② 贾志科, 王思嘉. 当代青年婚恋研究述评与展望 (1985—2018) [J]. 青年探索, 2019 (6).
③ 当代青年群体婚恋观调查报告 [EB/OL]. 新华网, 2018 - 05 - 22.
④ 罗渝川, 张进辅. 从 20 世纪的最后 10 年看我国青年婚恋观的变迁 [J]. 陕西师范大学学报, 2001 (4).

面受青年文化素养和道德水平的影响，客观方面受到物质生活条件、风俗习惯、道德准则等制约。一是在便利的资讯获取方式影响下，在多元社会思潮的冲击下，青年人的思想观念更趋向于多元开放，青年婚恋观呈现多样化特征。二是在激烈的社会竞争压力的影响下，部分年轻人不愿被婚姻和儿女束缚自由的步伐，负重前行，于是出现了"剩男剩女""丁克"家庭。三是女性经济实力的提升，思想观念的转变。大部分女性拥有坚实的收入来源，经济和精神更加独立，社会地位不断提高，不再依附男性，视婚姻为人生成败的指标。

通过探索青年社交能力和婚恋心理的现状，有助于为减少青年人际交往冲突，构建积极、健康、和谐的人际关系提供重要的理论和实践支持。科学化、体系化的青年人际关系理论对于提升青年社交能力、树立正确的婚恋观有着不可否认的积极作用。因此，对青年人际关系的研究有着迫在眉睫的现实需要，要教育引导青年正确认识道德伦理、家庭关系、两性关系、婚姻关系等问题，帮助他们树立正确的社交观念和婚恋观念。

## 社交疲倦：青年人的逃离现象

"社交媒体倦怠"（也称社交媒体疲劳）情绪蔓延。美国心理协会调查显示，人们长时间访问社交媒体，不仅没有带来愉悦和快感，反而徒增了更大的心理压力，近一半千禧一代受访者担忧社交媒体会对身心健康造成负面影响。近年来，国内主流社交媒体，比如豆瓣、知乎、微博，都出现过资深用户逃离现象，逃离社交媒体正在成为一种全球新趋势。Hill Holliday 的调查数据显示，Z 世代（指在 1990 年代中叶至 2000 年后出生的人，又被称为网络世代、互联网世代）41% 的人表示社交媒体让他们感到焦虑、悲伤或沮丧。超过半数 18 至 24 岁的年轻成年人表示他们"正在减少社交媒体使用"。皮尤研究中心指出，49%的18~29岁的智能手机用户逃离大众社交媒体，41%用户使用能够自动删除发送信息的应用程序。Flurry公司针对若干高下载量的社交类APP的分析表明，这些应用在用户手机上30天、60天和90天的平均保留率分别为54%、43%和35%，呈递减趋势，且用户使用频率从平均6.7次/周狂跌为3.7次/周。①

### 一、社交媒体疲惫的定义

社交媒体给用户带来了诸多便利，信息检索和共享，建立与维持社交关系等。但是，由于过度的开放性与实时性等媒介技术特性带来的不便与负担也同时存在。具体体现在：一是新技术或媒体在操作等方面的难度带来的使用负担；二是信息过载、信息冗杂所带来的信息接收疲劳；三是人际关系超负荷所形成的人际关系负担。上述问题使用户在精神和身体上产生疲劳。用户在使用社交媒体的过程中产生的精神上和身体上的疲劳感可以被称为社交媒体疲劳感。社交媒体指互联网上基于用户关系的内容生产与交换平台。而关于社交媒体的疲惫学术界并没有形成统一的定义。② 总的来说，社交媒体疲惫是指用户对社交媒体的兴趣下降，导致用户减少社交网站的使用频率甚至直接放弃社交媒体。

### 二、青年出现社交媒体疲惫的原因

用户在社交媒体使用过程中会出现倦怠情绪与外在的平台、信息内容、与他人的关系、内在的用户主观规范、感知风险信念等因素有关。

---

① 李旭，刘鲁川，张冰倩. 认知负荷视角下社交媒体用户倦怠及消极使用行为研究——以微信为例［J］. 图书馆论坛，2018（38）.
② 王雪. 社交媒体的负面评价及对策研究［J］. 新闻爱好者，2019（8）.

倦怠情绪产生后,潜水、屏蔽、忽略等行为都是常见现象。①

（一）风险感知

对个人账户安全和隐私问题表示担忧。当用户享受着互联网经济带来的巨大便利的同时,也意识到,社交媒体也会成为威胁人类社会的潜在敌人。社交媒体通过算法掌握了用户的一切喜好,包括饮食习惯,娱乐爱好,社交网络,政治立场等。更为令人担忧的是,这些社交媒体的算法完全是一个黑箱。普通人无从得知,自己的哪些数据被记录了下来,被传输给了谁,被用作了什么目的？

（二）平台过载

对冗杂繁多的社交平台产生选择疲惫似乎正在成为"常态"。当前社交平台呈现井喷式发展,以 QQ、微信、微博为代表的通信社交,知乎为代表的知识问答社区,王者荣耀为代表的游戏社区,抖音、快手为代表的视频社交等占领一席之地,且众多领域的社交平台层出不穷,更新速度极其频繁,有些平台后劲不足,直至销声匿迹。本意企图通过社交平台轻松娱乐、释放压力的青年人,却因为"选择困难症"而疲于转战各个社交平台,最后兴趣消逝、精力下降、心力交瘁。

（三）信息内容

社交平台信息内容良莠不齐,无法满足青年对优质内容的渴望。此外,青年还对"被营销"感到厌倦。当前很多社交平台成为段子手和营销号的聚集地。当平台为了流量不择手段,当社交被量化成点赞,友情被绑架为转发,朋友圈被裹挟着广告推销、投票邀请甚至诈骗陷阱,青年出现社交逃离现象。

---

① 张程洁. 新媒体环境下用户社交媒体倦怠情绪与消极行为研究 [J]. 试听, 2019 (4).

### （四）圈层窥探

对圈层阶级关系和虚拟认可感到疲惫。社交平台逐渐成为长辈和老板窥探青年生活的一个途径，青年人不愿意被困在人际关系的圈层里，也厌倦了出于利益需求而小心谨慎地经营社交平台的状态。

## 二、青年社交媒体疲惫现象的启示

### （一）增强媒介素养

对青年而言，个人账户应进行健康管理，定期清理不感兴趣的社交平台与社交关系，减少社交信息和互顶的负载，从而减轻社交媒体的疲惫感，提高使用的满足感。

### （二）学会自我调节

对虚拟社交的疲惫，仅仅靠逃避只是一种暂时的逃离，更多的是需要转移阵地来进行自我调节。找到适合自己的社交平台，发掘社交平台多方面的功能，做到最大化的为己服务。

### （三）丰富业余生活

一旦对社交平台产生疲态，应及时从社交平台"解脱"，关注现实社交，丰富线下活动，平衡好社交媒体使用和现实生活，有意识地避免社交媒体所带来的负担感和疲倦感。

### （四）做有效的"发声者"

青年人本身也是信息传播的"社交媒体"，因此，应控制信息的质量和数量，不散发谣言，不人云亦云，做个文明的网络公民。

### （五）发挥学校心理辅导作用

应意识到青年对社交媒体产生疲态背后的心理机制，开设相关心理辅导课程的选修课以及讲座。

# 毕业季"喝酒致死"敲响校园安全警钟

每到毕业季,同学间"散伙饭"、师门间"谢师宴"成为必不可少的毕业仪式。值得警惕的是,毕业季亦是事故多发季,尤其是因过量饮酒导致的学生伤亡事件屡见不鲜:2018年,长沙高中女生因竞选社团失利喝半瓶白酒进ICU;2017年,中山大学学生王耀栋因豪饮6杯鸡尾酒后急性酒精中毒而亡;2015年,兰州工业学院土木工程系学生酒后打群架致一死四伤。由此可见,严抓毕业过量饮酒、打击劝酒不正之风,矫正"酒桌文化",要警钟长鸣。

## 一、"酒桌文化"不当表现

一是恶俗劝酒让人被迫饮酒。"端杯不落地,落地没心意""感情深、一口闷""不会喝酒,前途没有"等劝酒词广为流传,不喝酒者被认为是不懂事、不合群的表现,导致以多喝、能喝为荣,少喝或不喝为耻的错误观念根深蒂固。二是敬酒动机不纯各怀鬼胎。酒桌成为毕业生的"名利场",过早掌握了社会"潜规则":和老师走关系,换取考试不挂科;和领导套近乎,谋求快速晋升通道;和同学拉拢人际关系,方便日后办事等,过于世俗且功利。三是盲目饮酒诱发攀比之风。毕业生请客吃饭好面子、讲排场,往往点了超过正常食量的昂贵菜肴,虚荣之风盛行。

## 二、毕业季"酒桌文化"误区

### (一)"人情社会"的规则

酒桌上非正式的"人情法则"中,"酒品即人品"被视为对毕业生的一项道德评价指标。酒品越好,就越容易得到积极评价,更容易获得人缘、扩展人脉。在酒桌上敢于大口干杯的,往往会被夸赞"豪爽""海量",而坚称"不会喝""不能喝"拒绝饮酒者,往往被视为拒人于千里之外、难以相处。因此,为了彰显自己的"酒品",许多毕业生忽略自身身体承受能力,常为获得满堂喝彩而一饮而尽。

(二)"等级秩序"的结构

敬酒者与劝酒者都是在觥筹交错间,不断确定自己的身份与位置。师长劝毕业生喝酒,是一种话语施压,学生不喝即挑战权威,而这种不服从也会让师长觉得失去了掌控感。毕业生向师长敬酒,则是表明自身的从属地位,一般要多喝两杯才能体现对方地位尊贵。在这个过程中,通常伴随着"为你好""为走进社会提前练习"等看似温情脉脉的"教诲",实际上反映出等级秩序不断被强化,酒桌上的身份认同也会让毕业生产生尊卑之别。

(三)"人际交往"的策略

喝酒被视为拉近人际关系的手段和消除隔阂的工具。"喝到位"是一种诚意测试,能够让劝酒者时刻观察毕业生能否放下心防和体面,在酒后吐露真实心声,创造出一种大家都是"自己人"的虚假氛围。同样,醉酒后的丑态毕现可视为一种信任抵押物,越疯言胡语、越洋相百出、越举动出格,越会被视为已经将体面、形象、自尊让位于"酒桌情深"之后。这能够让被敬酒者强化一种变态的权力欲、控制欲,以此作为进一步拉近距离的前提。

(四)"校园圈子"的氛围

高校中各种"应酬"应接不暇,让大学生患上了"社交恐'聚'症"。2018年4月,中国高校传媒联盟随机向千名大学生发放问卷,29.31%的受访者聚会频率达到每周2次以上,其中本科低年级占63.52%。受访者中,38.08%的大学生在聚会方面的开销占生活费的比例超过 30%，69.2% 的受访者表示校园内的聚会活动"受到拼酒等社会风气影响"。同时，发起者结账、AA 制、轮流买单也让家庭经济状况不佳的学生倍感压力。①

### 三、"酒桌文化"诱发不良心态

（一）虚荣心理，不喝不是好汉

酒桌上"喝得多""喝得爽快"被视为有担当、有酒品，而酒量差意味着软弱、认怂。毕业生在虚荣心和好胜心的双重驱使下，大多会选择以自我伤害的方式挣回"脸面"，展现"诚意与胆量"。

（二）强权心理，敬酒自改罚酒

当毕业生敬酒时，部分师长摆出一副"人生导师"的居高临下之态，巧立名目要"考验"、要"测试"，随意强加意志，把处于尊敬的敬酒改成了"劝君更饮一杯酒"的劝酒，甚至升级为逼酒。

（三）从众心理，拒绝难以启齿

尽管每位毕业生的酒精耐受度千差万别，甚至有过敏风险，但在大众场合，只要牵头者举杯则必须硬着头皮附和。此时，集体行为成为个人行为的引导标准，担心一时不从则成为被抛弃的对象。

（四）侥幸心理，出事未必是我

毕业季事务千头万绪，休息不足，喝酒本就存在酒精中毒甚至猝死风险。但即便如此，多数毕业生在"仪式感"的感召之下，仍然心存侥幸，认为自己绝不可能成为垮掉的那个，依然我行我素。

（五）看客心理，看戏不嫌事大

酒过三巡，宾主"尽欢"，但大多已经神志不清。此时如果过量饮

---

① 马宇平，等. 酒桌文化蔓延校园［N］. 文摘报，2016-03-10.

酒者已出现疯癫之举,往往看热闹者多,仗义执言者少。更有甚者拍照摄像,将朋友同学醉酒失态作为谈资,耽误了救援时间。

**四、毕业季"喝酒致死"防控对策**

(一)加强毕业季学生安全管理

一是加强学生宿舍、校园周边餐馆、校内露天广场等重点场所的安全检查防范工作。辅导员要做好学生离校的清查工作,严查夜不归宿和无故晚归等现象。二是辅导员加强夜间宿舍串门巡查频率,以防学生在宿舍内聚餐酗酒导致的集体打架斗殴、集体酒精中毒等安全事故。三是重点消防单位要加强对机房、实验室、图书馆等重点场所的安全隐患排查,以防学生宿醉滞留上述场所。四是保卫部应加强值班巡逻和学校门卫管理。保卫部值班人员应加强学校大门、湖面和交通道路等重点部位的巡查工作。对夜间进出校园的人员(特别是醉酒状态人员)进行盘查登记,要求学生随身携带有效证件,自觉接受门卫检查。

(二)强化校医院紧急医疗资源

一是毕业季增加校医院医生坐班班次,对校医院护士进行专题培训,使之掌握急性酒精中毒紧急救治的基本常识,安抚醉酒学生情绪,必要情况下约束醉酒学生失态行为。二是增加采购纳洛酮、呋塞米等保护胃黏膜、治疗酒精中毒的常用药物,并适当补充痰盂、导尿器、毛巾等常用物品,防止醉酒学生呕吐造成的卫生问题。常备绿豆汤、梨、西瓜、荸荠等有利解酒的食物,帮助缓解症状。三是建立校医院与三甲医院紧急联络机制,当醉酒学生出现沉睡不醒、颜色苍白、皮肤湿冷、口唇微紫,甚至陷入深度昏迷的状态时,立即转移至三甲医院,由其接手进行紧急医疗救援,及时通知家长。

(三)引导正向毕业季校园文化活动

一是举办毕业季专题班会和主题教育活动,强调毕业生应"比学习、比能力、比进步，不比酒量、不比背景、不比消费"，形成良好风尚。二是通过主题教育活动培养起学生正确的交际观、消费观和健康观，严格打击丑陋且畸形的劝酒文化。

## 红色罚款单：高校"礼尚往来"之歪风

2017年11月25日，一位网友在微博上曝出长春光华学院商学院一辅导员结婚，班委带头给辅导员发500元红包，有的同学甚至借钱给辅导员包礼。该事件被多家媒体曝光后，引发网民对社会不良风气逐渐侵入校园及师风师德的广泛讨论，相关舆情在11月29日22时和30日10时，分别到达事件热度峰值。随后，该校公告称辅导员收受红包违规，将进行处罚。

"辅导员结婚收学生红包被罚"一事，网民情绪以正面为主，占61.4%。大部分网友认为"收红包触及了底线，是原则问题，该罚"；负面情绪占比为11.7%。持该观点的网友认为"发红包是学生自愿，未免有点小题大做"。26.9%的网友对此事态度中立，仅转发未评论。

尽管教育部曾发布关于教师收礼行为的"6条禁令"，明令禁止教师收受红包等行为。但在现实中，师生间、生生间仍存在许多"礼尚往来"的"潜规则"，红包变成了"红色罚款单"，而"钱多感情深"也取代了"礼轻情意重"，成为高校间盛行的歪风。

**一、高校送礼歪风特点**

（一）礼品袋变精细化

由于教育部颁布禁令，学生不再带着大包小包、烟酒礼物上门，而是悄悄递上购物券、礼品卡，甚至是电子购物条码等"雅礼"。

### （二）潜规则变显现化

送礼歪风在高校中渐成"潜规则"，学生和家长潜意识里认为：送礼未必能看出效果，但不送可能会得不到关照。

### （三）禁礼令变形式化

一纸禁令敌不过文化习俗。中国作为一个人情文化盛行的社会，即使有人不愿"随大流"，却又不好"不跟风"，于是变着花样"表达心意"。

## 二、高校"礼尚往来"送礼类型

### （一）师长送礼：送礼是自荐"敲门砖"

1. 产生原因。一是"送礼风"已成程序化。即便禁令已颁，按照制度是不可为，依照礼节却不可少，如果不"意思意思"，总觉得自己会因此"不被照顾"。二是老师掌握话语权。高校老师在入党、评优评先、奖学金评定、保研资格确定、指导课题、点拨论文、推荐工作时都起着重要作用。

2. 危害。一是突破教师底线。师长收下学生红包虽未违法，却有违师德。为人师表，但一旦发生收礼行为，则触碰了"红线"，有损教师形象。二是增加经济负担。送礼行为透支着学生自身的生活费，有时不得不进行数份兼职才能"拆东墙补西墙"。

### （二）同学送礼：送礼是成熟"风向标"

1. 产生原因。一是水涨船高的"随份子"之风。在内心虚荣心的驱使下，人情往来"随份子"的金额越来越高，经常用礼金的多少来衡量同学间的关系程度，存在不断增加跟风、显摆的情况。二是从众心理。缺乏社会经验的学生在遇到人情世故时，并非自主地去分辨对错，而是常常盲目跟风、随波逐流。看到别人发红包、送礼金，则容易在氛围的压迫下变得焦虑不安,认为要跟上"组织"才能融入集体,担心因为处理不好"人情债"导致友情崩塌得不偿失。

2. 危害。一是人情味寡淡。随着随礼金额、档次的不断攀升,人际关系不断拉大,可贵情谊不断疏远。一次礼就是一笔人情债,早晚是要还的,反而在焦虑中让人情味"变质"。二是破坏纯洁校园风气。铺张的红白喜事逐渐推高了学生们的"人情消费",在"随礼"和"还礼"的压力中,破坏了纯洁的情谊。

(三)家长送礼型:送礼是特权"保护伞"

1. 产生原因。希望教师"另眼相待"。在优秀教育资源稀缺的情况下,家长想到其他家长都送了礼物,如果自己不送则会感到"良心不安",更担心自己孩子不被"照顾"。这种打着"感谢老师关照"旗号的送礼行为,目的是收拢人心,让老师对自己的孩子青睐有加。

2. 危害。一是造成学生价值观混乱。家长的"言传身教"容易让青年学生形成错位的师生观念、物化的人情关系、错误的成长进步观,也会对一直以来"廉洁自律"的教育观念产生动摇。二是破坏公平的成长环境。若送礼之风盛行,家长们势必在礼品价值上攀比,而老师也可能"量礼待人",从而破坏教育公平。

(四)应对策略

一是法律方面应明确区分"教师收礼"和"教师受贿"的界限和区别。将礼品价值多少、"来而不往"或"来多往极少"、是否要求送礼者为自己谋取利益作为判断教师是否索礼的依据。二是学校方面应加强师风师德教育,引导教师自觉抵制请客送礼等庸俗风气,不收受学生、家长的财物。三是学生方面应树立正确的师生观、成长观,依靠努力获得应有的肯定,而不是靠"走关系"来投机取巧。四是家长方面应明确以"送礼"换来"优待"是对孩子尊严的伤害。相反,通过加强家校间的沟通联系,努力协助教师完成家庭教育才是更好的"送礼"。

# 从"霍金去世"看社交狂欢式悼念

据报道,霍金去世消息传出当天,中国网民点击浏览霍金逝世消息至少5亿次,引起了全网自发哀悼。在微博、微信和贴吧中,网友自发为其点蜡烛,并配上一句 R.I.P(Rest In Peace 的缩写,意即"安息吧")。这其中,不少青年网民因不了解缩写含义而盲目转发、跟风悼念,甚至出现了"霍金发现 $\pi=3.14$""霍金的广义相对论奠定人类文明基础""霍金发明原子弹提前结束二战"等失实言论。这些借别人去世的新闻以抬高炒作自己的青年网民被脱口秀主持人金星嘲讽为"哭丧婊",由此引发骂战。

此前,纪梵希创始人、作家杨绛、歌手姚贝娜等名人去世,皆在社交媒体上掀起哀悼潮,并形成微信朋友圈"现象级运动",而对此"附庸风雅""不懂装懂""作秀"等批评之声不绝于耳。

## 一、"社交狂欢式悼念"的表现

(一) 主动发起悼念

主动悼念,且站在道德高处要求他人也要一起转发、点赞和评论,如若不从则是"无情无义"的表现。青年网民在社交媒体上希望借助美图、配文、短视频等塑造出更有涵养、更有学识、更了解名人生平事迹的社会角色,用"人设"外衣将自己包裹起来。毫无疑问,无论是出于炫耀还是展示的目的,"云悼念"都会让自己关心时政、情感丰沛的形象更为立体,故青年网民不惜通过道德绑架的方式求得别人对自己网络形象的认同。

(二) 被动参与悼念

当看到他人发布缅怀图文,出于礼仪的点赞和转发则变成一种策略性的社交手段。微信朋友圈依靠"强关系"实现社群联结，所能看到的都是自己最亲近或最熟悉的人发布的状态，如果不给出积极的回应，则很可能引发不快。因此，即使内心毫无波澜，但通过跟风悼念则能弥补自身百感交集的情绪与心理，还能拉近关系营造文化认同，故将"云悼念"从个人行为扩展成为一种大众化的集体仪式。

## 二、"社交狂欢式悼念"的实质

（一）自媒体蹭热度、消费逝者的逐利行为

自媒体盲目追逐热点和关注度，将名人去世等全网关注的大事件视为生财之道，借助"震惊体"等标题吸引青年网民点击浏览，为自己带来数据引流。如UC头条报道《揭秘瘫痪的霍金如何成为脱衣舞娘俱乐部资深会员》，借名人生前的奇闻逸事增加阅读人次，获得数据收益。

（二）"戏精"依托互联网进行的自我表演行为

部分青年网民即使未读过其著作，不知晓其生平经历，甚至不了解霍金其人，仅为了将追捧名人逝世当作社交素材。这并非真正为了人类痛失伟大科学家而感到哀伤，而是希望通过轻点鼠标、转发点赞的方式呈现出希望让人看到的社交形象，体现出线上线下"两张皮"的双重人格。

（三）集体无意识的炫耀式狂欢行为

社交媒体上的"云悼念"是一种由"转发、纪念、哀悼"所构成的集体仪式，想要加入其中就必须遵从其秩序。因此，为了规避被排斥的风险，或本着"逝者为大"的原则，一般会选择成为秩序的顺从者。无论是心不在焉的零星掌声，还是虚情假意的蜡烛，抑或是只言片语的轻佻表达，都只是希望在"霍金逝世"这个话题下留下自己的一言半语，证明自己关注时事。

### 三、"社交狂欢式悼念"的成因

（一）弥补社会认同感的普遍手段

当青年网民被异质化的社会包围时，会因为缺乏社会认同感而刻意迎合他人。由于在现实社会中缺乏安全感，青年网民会通过社交媒体进行跟风式的行动，例如：转发朋友圈、"寒暄式"的评论等等，不断展示自己所关注的信息，了解的动态，以此强化自己和群体之间的联系，强化自己的身份认同。换言之，通过跟风转发把自己改造成遵守社交规则且受社会欢迎的人，以便塑造良好形象。

（二）社交角色属性下的内心驱使

在社交属性的角色定义下，青年网民存有虚荣心、从众心理、羞耻感等，一般依循"正面最大化"等原则选择性发布网络言论。在近乎实名制的微信朋友圈内，青年网民格外在意别人对自己的评价和看法，同时也希望得到别人的称赞，一系列行为最终都归属到"虚荣心"。当虚荣心到达一定程度后即变得非常敏感，一旦有心理落差就会产生"羞耻感"。不少青年网民在从众心理的引导下主动发布悼词，只是为了撕掉"落伍"的标签，实质并无敬意。

（三）"快文化"时代的记录习惯

社交媒体时代，新闻事件迅速更新，舆论热点层出不穷，青年网民需要时刻了解世界发生了什么，也迫切想让世界知道发生了什么，在发布朋友圈解读"霍金去世"的同时彰显自身的话语价值。同时，社交媒体的"快文化"使得爱看热闹的青年网民们也会习惯性地留下自己对于这件大事的看法、观点和态度，而"云悼念"无疑是最便捷简单的记录方式。

### 四、"社交狂欢式悼念"的启示

**(一)"云悼念"强于鸦雀无声的文化消亡**

"云悼念"已经成为现象级的"朋友圈运动",动辄数十万的参与人数体现出了青年网民向往文化提升,尤其是追求高层次文化品位之心。尽管被"刷屏"的悼词中难免有重复抄袭之嫌,但大多数仍是网民们对巨匠的倾慕崇拜之情、对文化艺术成果的仰慕敬佩之心,这也是一种"人心向好"的积极表现。同时,"云悼念"至少有利于名人学术著作的传播、伟人研究成果的推广,也在一定程度上激发了青年网民的求知欲和好奇心,有助于提升全民知识水平。

**(二)警惕"云悼念"背后的逆向民族主义**

在霍金去世引发全网"云悼念"的舆情事件中,部分青年网民也表现出一种文化自卑:在祭奠霍金的伟大物理成就的同时,贬低我国著名物理学家杨振宁的研究成果,甚至发表了诸如"杨振宁再活100年也比不上76岁的霍金"等极端言论。因此,要警惕在"云悼念"这场集体仪式中产生的逆向民族主义苗头,严厉打击那种对西方种族极度赞扬,对西方文化极度崇拜甚至不惜抹黑中国的思想倾向。同时,要警惕通过借助"云悼念"外壳进行文化渗透,宣扬"唯西独尊"的文明终结论。

## 女性陷阱,PUA 骗局如何破?

2019年12月,北大女生自杀事件让 PUA 再次走入大众视野。该事件迅速引发舆情发酵,截至2019年12月15日17:00,微博话题#北大自杀女生的聊天记录#阅读量达17亿,讨论30.2万。

## 一、PUA 骗局简述

PUA 全称（pick–up–Artist），搭讪艺术家，源于美国，是一种通过受过系统化学习、实践和不断自我完善情商包装自己，诱使异性与之交往，通过对异性诱骗洗脑，欺骗异性感情，达到与异性发生性关系的目的。PUA 公司的业务，就是帮助男性成功在现实中与目标女性调情、发生性关系。国内 PUA 课程早期只是分享男性如何通过技巧和心理学应用去接近自己喜欢的人，但后来演化成骗色、骗财、诱奸的手段，"五步陷阱"的情感操控术甚至不惜致使对方自杀，来达到情感操控目的。PUA 的课程从理论到实践采取了激励强化的方式，层层深入，让受训者成为 PUA 中毒者，无法自拔，让 PUA 受害者逐渐失去自我形成精神依赖，走向自杀。

## 二、PUA 核心骗术："五步陷阱"情感操控术

（一）好奇陷阱：建立各种人设，用技巧引起女生好奇，使其对"他是什么人"产生探究欲。

（二）探索陷阱：颠覆之前的人设，展现其脆弱一面，博取女性的同情。

（三）着迷陷阱：利用女性的心疼和拯救欲，马上诱导表白，建立情感契约。

（四）摧毁陷阱：通过放大女性的过错，使其产生深深的负罪感，并渐渐丧失理性、自尊。

（五）情感虐待陷阱：对女性进行打骂虐待，榨取女性钱财，甚至诱导、鼓励、怂恿女性为情自杀。

## 三、青年女性为什么会落入 PUA 骗局？

一是社会经验匮乏、法律意识淡薄，容易受骗。二是传统男尊女卑

的思想观念固化。三是维权意识较弱，碍于道德观念，不敢进行维权。四是缺乏对 PUA 的认识。五是 PUA 组织形成了一套持续有效的培训模式，通过激励强化的方式，在参加培训的群里发不雅视频、图片，推销迷药、攀比情感控制成果等形式教唆培训者进行情感虐待。

**四、破解 PUA 骗局的对策建议**

一是出台监管制度，加大对 PUA 犯罪的打击力度。二是提升监控技术，科学抓取识别 PUA 组织。三是加强平台管理，严打违法犯罪线上组织。四是拓宽投诉渠道，加强法律援助。比如 12355、12377 等配齐配强专业人员。五是规范和完善 PUA 中毒者和受害者心理疏导机制。六是教育引导青少年形成正确的恋爱观。七是揭露 PUA 真相，PUA 不是通往爱情的路径。八是加强青少年法律安全意识教育，增强维权意识。九是各部门要多渠道帮助青年解决婚恋交友的问题。十是加强意识形态管控，严防境外不良思潮（PUA）的冲击和影响。

# 青年"懒婚"：稳稳的幸福要等一等

"懒婚"一词是形容时下年轻人对婚姻既不期待也不抗拒的状态。"青年懒婚"现象引发热议。2017 年，民政部门数据显示，全国结婚登记对数下降 7%，已经是连续 4 年下降了。人民日报微博通过搜集民政部 1987 年至今每年发布的统计报告数据发现，2003 年以来，中国离婚率已连续 15 年上涨。"晚婚"从数据上也有所体现。从 2006 年到 2012 年这 7 年，结婚登记年龄段占比中，20~24 岁占比最高，保持在 37% 以上。但自 2013 年起晚婚现象初见端倪，25~29 岁年龄段结婚登记公民所占比重最多,超过 20 ~ 24 岁。① 很多地方的平均初婚年龄也在延后,江苏更是推到了 34.2 岁。《中国青年报》也发文指出"稳稳的幸福要等一等",大部分青年人还在等待最笃定的"心动信号"。

### 一、"懒婚"现象缘由

(一) 青年观念更新

经济发展固然带来了观念进步,但伴随着经济发展也可能滋生出一系列社会问题,对青年而言,结婚生子不再是人生的必由之路,反倒是个人的自主结果。关注自我和内心需求成为新一代人的精神标志。城市青年一代对于精神层面的享受和期待较多,对自己另一半的要求也会有所提高,不再苛求依靠制度形式保障"稳稳的幸福"。许多年轻人认为,自己过着经济独立、自由发展的"单身生活"也是一种享受。

(二) 生存压力影响

一方面,在市场化的浪潮,快节奏的生活影响下,青年的生存压力激增,通过频繁的位移讨生活,生活稳定性的下降,天长地久的婚姻似乎成为奢求。另一方面,新一代的消费观倾向于超前消费和享受消费,购物欲望提高,也直接导致恋爱成本的增加。个人经济收入和购房现实压力等问题困扰着青年。

(三) 婚姻风险增加

婚姻关系最终还是会表现在人与人的关系之中。人们受不同价值观念的影响,对于同一事物认识会有偏差,有偏差就会有价值冲突。"懒婚"的背后往往是不敢结婚。人际关系复杂,人与人之间的信任度下降,为了规避风险选择独善其身。

---

① 委员建议结婚年龄降至18岁引热议 [N]. 新京报, 2019 – 06 – 29.

### （四）女性经济独立

如今女性的经济实力和社会地位越来越高，有资本选择自己想要的生活，不再需要靠结婚来依附夫家生存。当发现自己的条件还不够与心目中的完美对象相匹配，或者是受自身"梯度选择偏好"的影响，宁可待字闺中，也不愿委曲求全，单身似乎成为了不错的选择。当自身有能力摆脱物质生活的困扰，更多得渴望"纯粹的爱情"，对于是否组建家庭，她们的话语权空前提高。越来越多的女性实力提升，观念愈发"先锋"，认为结婚必要性下降。

## 二、"懒婚"的潜在危机

随着"懒婚"群体的不断扩大，会对社会带来潜在危机。

### （一）低出生率加剧

国家统计局 2018 年初发布数据，中国 2017 年比 2016 年出生人口减少了 63 万人，人口出生率比 2016 年下降了 0.52‰，仅为 12.43‰，人口自然增长率更是下降到了 5.32‰。当下，很多地方的平均初婚年龄也在延后，"晚婚"现象逐渐成为常态，这无疑在一定程度上导致了低出生率的出现。

### （二）劳动力短缺

低出生率的直接后果即导致我国青年劳动力的供给不足。根据联合国基于 2015 年统计的人口预测，中国人口总数将在 2030 年达到顶峰，然后在接下来的 15 年里，总人口就会迅速降到 2015 年水平以下。从总数上看，2030 年中国依然有 14.15 亿人口，似乎并不缺人，但与此同时人口年龄中位数已经超过 43 岁，到 2050 年，中国人口年龄中位数将达到 50 岁，即半数人口是 50 岁以上的中老年。劳动力告急，从而增加养老和医疗保障的压力。

### （三）家庭关系紧张

对于上一辈人来说，不论是一场"踏踏实实的婚姻"，还是一份"踏踏实实的工作"，都在为稳定的生活提供庇护。换句话说，有了稳定的关系，便有了好的生活。"男大当婚，女大当嫁"等传统婚姻观念与现代子女"懒婚"现象发生冲突碰撞，从而可能导致家庭矛盾的出现。就2018年春节期间的网络调查显示，近20%的人表示一年内被父母"逼婚"或者催找对象的次数超过12次，近半单身男女表示逢年过节必遭遇催婚。网友表示，春节就是一道难迈的"坎"，七大姑八大姨在这个时候都充当起了"媒人"，7天长假将"不是在相亲就是在相亲的路上"。多数年轻人表示假期不愿回家。

### 三、"懒婚"现象反思

#### （一）家庭要正确对待子女"懒婚"问题

父母要多与子女沟通交流，了解青年内心的真实想法，搞清楚他们不婚的缘由，妥善帮助他们分析和解决问题，对症下药，动之以情，晓之以理，而不是横加指责，随意干涉，更不能把自己的期望强加在孩子的身上，引发逆反心理，最终是两败俱伤。

#### （二）个人要自觉建立积极的人生价值观

在婚姻问题上，个人不能一味以自我为中心，不考虑父母以及家人的感受，要学会换位思考。同时，"懒婚"一族里，也不乏人生慵懒、目标涣散、缺乏追求的群体。青年切记莫将"懒"作为逃避人生、逃避现实的挡箭牌，要培养积极的人生观与价值观，正确看待与规划自己的人生。

# 空巢青年：独处的城市战斗者

2017年4月8日，央广网发布一则《中国空巢青年达2000万人，一线城市成单身人群聚集地》的文章在网上热传，该文称目前超5800万人在中国过着一个人的生活，其中独居青年（20～39岁）达2900万。一时间，"空巢青年"一词再度蹿红。相比"空巢老人"，"空巢青年"通常是指年龄介于20岁至39岁之间，背井离乡到城市奋斗打拼，工作资历不够丰富，未在大城市站稳脚跟，租房独居的单身年轻人。和之前被广泛关注的"蜗居""蚁族"等群体类似，"空巢青年"也是城市新族群。

## 一、"空巢青年"的现象探析

主动的"空巢"意味着青年的个性发展、个人选择和生活方式的多样化以及自由的扩展。忧的是，被动的、非自愿的"空巢"及其带来的风险挑战。①

### （一）"空巢"不等同于"空虚""空心"

其一，"空巢"本意是小鸟离巢后的情景，现引申为子女离开家庭后的空虚、寂寞的状态。② 而有别于中老年人被迫空巢的特点，青年的空巢更像是一种主动选择的结果。青年们怀揣梦想，离开原本安逸的生活环境，前仆后继地涌向资源聚合的大城市，渴望在大城市实现个人追求和理想信念。他们内心充盈着梦想，响应着这个时代给予的机遇，紧跟时代发展的潮流，书写自己的励志岁月。有别于"空虚"、百无聊

---

① 顾严．"非自愿空巢"之忧［N］．中国青年报，2016-11-28.
② 王纯．空巢老人尤需精神赡养［J］．人才资源开发，2017（23）．

赖，闲散寂寞的消极心态，这种自主选择、主动追求，以实现个人抱负的心态，可以称之为积极向上、充实而有规划。其二，互联网的便利使年轻人不出门便知天下事，他们利用网络关心时事，利用社交工具与家人朋友沟通感情，利用网络给自己"充电"。因此，我们不应该把这种"独居"的栖身状态，等同于"心空"，更不应该把"空巢青年"等同于"空虚青年"。网络使他们与父母的联系"不掉线"，与故乡和回忆保持"不断线"，"空巢"只是一个人生阶段，不必放大他们的伤与痛。

（二）选择"空巢"是80后、90后社会化的表征之一

其一，每个时代群体都有属于自己的个性内涵，而空巢青年人群主要集中在80后、90后，这一群体成长于改革开放时代，接受外来文化较多，相比老一代群体喜欢"热闹"的气氛，他们更崇尚自由，需要更多个人空间，也更乐于独居，而"空巢"的状态在某种程度上迎合了他们的个性追求。其二，这一群体大部分是独生子女，成长在较为"孤单"的环境下，选择"空巢"是该群体成长状态在青年阶段的延续。因此，我们更乐于称选择"空巢"是80后、90后个性社会化后的表征之一。

（三）"空巢青年"是"被代表"的众多标签之一

"空巢"于青年一代而言，不过是一种生存境况的自然过渡状态，一种由个体情绪凝结为群体情感的意识表达。[①] "空巢青年"成为继"蜗居""蚁族"后另一个"被代表"的标签。不可否认，将老气横秋的"空巢"与朝气蓬勃的"青年"这样两个相互矛盾的名词放在一起，确实给人耳目一新之感，在传播速度快、传播范围广的互联网时代，能够引起部分人的共情，进而达到口口相传的效果。但是，用一个特征来

---

① 常进锋. "空巢青年"缘何"空巢"——一个时空社会学的解读 [J]. 中国青年研究，2017（5）.

概括一群人的特质,不仅流于扁平化,缺乏实事求是,更会在过度渲染中,加深社会对青年的刻板印象。

**二、"空巢青年"的形成原因**

"空巢青年"是城市和社会发展的产物,是时空变迁的产物。它的出现是多种因素合力作用的结果。

(一)城市化进程的影响

青年人的个人选择是基于时代的发展。随着城市化发展,"空巢青年"数量激增。"空巢青年"不是一种社会病态,而是在城市化进程背景下,自然产生的一种社会现象。城市化进程为青年人提供了机遇和发展,让青年有更独特的个性,更自我的空间观念。青年是标志时代最灵敏的晴雨表,基于此,我们可以称"空巢青年"是标识这个时代城市化进程发展的特征,是社会发展下正常产生的一个衍生物。

(二)个体自我需求的满足

一是渴望个人的独立空间。现代社会中,更加发达的市场经济、丰富的都市生活和开放的网络社交,让具有自主性的独居越来越有吸引力。"独生活"让人有更多的时间、空间和精力来管理和满足自己的社交需求,以及实现自己在人际交往中的责任。① 二是自我价值的追求。社会转型时期青年群体价值观变迁,择业观念也发生显著变化,更多追求能够实现自我价值的职业,通过寻找更大的空间与机会发挥自己的潜能。

(三)现实生存压力的激增

现如今物质文明迅猛发展,各种现实压力的叠加效应让青年有着许多孤独和艰辛。他们为了理想在大城市打拼,承受着各种生活压力,想

---

① 中国空巢青年已超5800万[EB/OL].新浪网,2018-02-08.

改变却无力改变。相比于生活上的拮据,在生活中孤单和寂寞感强烈,对城市的归属感不强,也让他们与繁华的城市渐行渐远。"空巢青年"的"空巢感",在现代社会也是一种"弱归属感"或"无归属感"。①

(四) 家庭结构变迁的产物

家庭是重要的社会组织单位,如今"家本位"的伦理观念在"个人本位"观念的博弈中日渐式微。家庭结构变迁是社会转型期时空变幻的直接产物,"空巢青年"是家庭结构变迁的间接产物。社会时空的变化,冲击着传统的思想观念,父母对子女的制约能力下降。家庭结构变迁不仅体现在家庭规模的核心化,与此同时,代际间的责任伦理日渐淡化,代内均衡的心理基础不断被解构,家庭的情感交流功能也在渐趋弱化,而虚拟化的社会空间和摆脱地域限制的社会互动,让青年一代对于情感交流的需求得以补位。②

### 三、"空巢青年"的引导对策

我们要辩证看待"空巢青年",一方面积极引导,另一方面,采取更多积极措施,为其提供良好的公共服务。

(一) 政府要加大帮扶力度。立足在城市奋斗的"空巢青年"的现实困境,如婚恋交友、社会融入、创业就业、住房等问题,推出帮扶政策,减少生活压力,帮助"空巢青年"更好地让其在城市中安稳发展。

(二) 社会要营造良好氛围。组织开展社区交友活动,拉近"空巢青年"之间的距离,给"空巢青年"创造更多交往机会,让"空巢青年"在大城市中也能感受到源自邻居的关爱,能够享受到温馨、快乐

---

① 赵开开,于凤杰."空巢青年"研究回顾与前瞻:阶段与特征、共识与分歧、重点与难点[J].理论月刊,2018(11).
② 常进锋."空巢青年"缘何"空巢"——一个时空社会学的解读[J].中国青年研究,2017(5).

的社区生活，进一步增强"空巢青年"归属感。

（三）青年要加强心理纠偏。青年要进行自我心理调适，理性看待"空巢"现象，将"空巢"现状视为成长成熟的表现，在"空巢"的独处中学会独立，提升能力，增强在大城市生存的"筹码"。

## 半熟主义：青年新型恋爱观知多少？

95后一代人成长于高度成熟的互联网时代，他们获取信息资源的途径主要依赖于互联网平台。在互联网平台中信息传播呈现具有极强的便捷性、碎片性、繁杂性，这对95后一代人的价值理念、道德观念产生了巨大的影响。2017年年底，《95后婚恋观报告2017》，聚焦95后婚恋的热点议题进行调研深访。

### 一、"95后"恋爱观的新特征

（一）追求精神契合的恋爱

本以为在如今这个看脸的时代，看着偶像剧长大的95后，会将颜值作为选择另一半的重要标准，但是数据显示更多的人选择"三观一致"作为重要的择偶标准。个体的性格、三观成为重要的择偶标准。对他们来说，三观一致就是门当户对，更加追求的是能够在精神灵魂上产生共鸣的恋爱。

（二）崇尚dating文化

95后开放的视野与观念的国际化，使得"dating文化"在这一代中盛行。所谓"dating文化"，即在正式确认恋爱关系之前，彼此都不拒绝和其他异性进行吃饭、逛街等较亲密的接触。这一文化在西方社会屡见不鲜，而对于中国而言，是在95后中才慢慢流行起来。有缘网报告指出，超过62%的95后认为，在寻找爱情的过程中要尽可能给自己更多选择的机会，其中78.3%的人表示寻找爱情的过程更是一种享受。有47.7%的95后表示曾同时与两人以上约会过。约会成本方面，吃饭仍然花费占比最高，调研显示，38.7%的95后表示其约会支出超过去收入的25%，有31.2%的95后表示愿意用信用消费为约会买单。

（三）提倡校园时期恋爱

与老一代将校园恋爱视为"洪水猛兽"不同，95后对校园恋爱问题更加宽容。他们普遍认为，校园恋爱更简单真实，也是最值得珍视的经历之一。超过72%的95后认为青春期恋爱是自己的权利，同时有超过73%的受访者认为自己可以平衡学业和恋爱之间的关系。而在大学前有过恋爱经历的人数占比62.1%，甚至有4.5%的人在大学之前有过性行为。与之形成鲜明反差的，是来自父母的制止。采访数据显示，86.3%的95后父母在婚恋问题上对他们提出过要求或者指导。其中51.3%的父母明确表示反对子女大学前恋爱，更有10.4%的受访者父母表示大学期间也不应恋爱。所谓开明的父母似乎仍只是少数，仅有9.8%的父母表示在不影响学业的情况下可以"早恋"，但前提是一定要与父母保持充分的沟通。面对父母的不支持，大多数95后选择放弃感情，但数据显示在大学之前没有谈过恋爱的人中有47%表示非常遗憾。

（四）热衷"闪恋闪分"的恋爱

闪恋闪分就是指青年男女闪电相识，迅速热恋，后又闪电分手。根据《2019红袖读书女性婚恋观研究报告》，00后恋爱周期普遍较短。48%的"00后"女性最短一次恋爱为期1周不到，89%的"00后"女性最短一次恋爱在半年以内便告终。爱情对于他们来说就像是便捷的洋快餐，美味动人但一顿即可。这种恋爱形式在网恋中表现得尤为突出。一把游戏、一张图、一句评论，在网络世界中的一个小小的交集就能够让在网络两头的青年男女迅速坠入爱河，但又能因一言不合的小事就"相忘于江湖"。

（五）突破传统的性思想约束

当代大学生对于婚前性行为的宽容度大大提升。由《羊城晚报》智慧信息研究中心、华南理工大学数据新闻研究中心和中山大学心理学系联合发布的《粉红Z世代——中国95后数据报告》显示：接受婚前性行为的大学生比例将近60%。相较而言，男生支持婚前性行为的比例大于女生。出现这种变化的原因有以下5点。第一，西方文化的影响。第二，大学生具有强烈的猎奇心理，勇于尝试且自身缺乏自我约束能力。第三，高校周边的小旅馆、提供短租的民房的推波助澜。第四，网络环境中的性文化、庸俗文化层出不穷。第五，陌陌等社交APP背后所传达的"以炮为友"的价值理念也值得警惕。

## 二、恋爱观教育的正确打开方式

（一）开设恋爱教育课程

此前华东师范大学、南京大学等多所高校开设恋爱课，且课程火爆、效果显著。可以借鉴成功的经验，通过开设性生理课程、心理咨询、专题讲座等方式，教育引导青年学生树立正确的婚恋观。

（二）创新教育引导方法

学校可以利用互联网的优势，结合现代化的手段开展教学活动，开展线上恋爱问题咨询，合理传播科学的婚恋与性观念、正确的异性交往方式与原则，提高恋爱观教育的针对性和实效性。此外，可以开展多主题青年社交联谊活动，疏导单身青年心理压力；加大性知识教育普及力度，帮助青年建立科学健康的两性观；提升网络婚恋服务的诚信度，营造健康良好的网络婚恋交友环境。

# 第七章 有序 or 无章——青年的网络世界

## 引言：青年的网络生存报告

2019年2月由中国互联网络信息中心（CNNIC）发布的第43次《中国互联网络发展状况统计报告》（以下简称《报告》）显示：截至2018年12月，我国网民规模达8.29亿，全年新增网民5653万，互联网普及率为59.6%，较2017年年底提升3.8个百分点。《报告》指出，我国网民分布特点以中青年群体为主，以中高龄人群为辅，其中网民占比最高的是20至29岁的人群，达26.8%，90后已经成为网络主力军。互联网伴随着90后成长，他们在互联网时代的生活究竟如何？想要全面了解90后青年的特征，深入分析90后互联网的生活方式是非常有必要的。

### 一、90后网络生活方式

90后的成长恰好伴随着我国互联网的高速发展：大多数的90后初中便开始接触网络，高中接触微博，大学接触微信、移动支付。从这个角度来看，90后可以被称之为网络原住民，我们可以将他们分为：麦克风、复读机、潜水艇三类。

## （一）麦克风

随着网络的发展，这个时代已经变成人人都有麦克风，人人都有发言权的时代。有一部分人喜欢使用自己的麦克风，成为互联网的"麦霸"。这类人通常在网络上表现比较活跃，积极展现自我，他们渴望在网络平台上得到关注，来填补自己内心认同需求和社交需求。他们通常对待网络态度积极，会主动分析网络的特点，他们擅长将网络上碎片化的知识整合起来，能够快速适应新的事物。不过，这类人有的也存在着个人主义倾向、喜欢打抱不平，容易受到网络舆论的影响等问题。

## （二）复读机

与第一类人群不同，这类人群活跃度相对较低。他们在网络上的表现有些懒，不喜欢发声，但会点赞和转发。点赞的方式也大致分为：心情随机式点赞、思考式点赞、喝倒彩点赞、已阅式点赞等。这类人在平时渴望从互联网获得知识，开拓自己的视野，并且关注网络新鲜事物，乐于用点赞和转发方式来改变自己，但缺少独立思考的能力，从众心理极强，经常别人做什么，我也做什么。

## （三）潜水艇

在这三类人中，活跃度最不高的就是潜水艇。主要包括三类人群：一类是他们接触网络目的在于丰富认知、了解更多的知识，但其本身不善表达也无暇深入探究；另一类是上网的目的在于缓解学习、生活压力，认为话语表达并不重要；此外，还有一类是乐于当旁观者，不愿意向外界过多的暴露自身。潜水艇人群因为在网络上留下的痕迹较少，其内心真实的想法难以琢磨。

## 二、青少年网络行为概况

随着互联网的不断普及和网络内容的不断更新迭代，网络对青少年生活的渗透愈发深入。

(一) 日常生活被移动社交垄断

青少年通过移动社交媒体沟通交流、获取资讯。在青少年群体中，微信、QQ和微博成为其主要使用的移动社交媒体，超过一半以上的青少年通过社交软件获取资讯信息，网络成为青少年最主要的信息来源。

(二) 浏览内容偏爱休闲娱乐

在网络世界中，相较时事新闻、学习知识、购物理财等，青少年群体更偏爱休闲娱乐类的内容。而休闲娱乐内容的偏好度随着青少年年龄的增长降低。

(三) 参与方式乐于暗中潜水

虽然青少年常沉浸在网络世界中，但他们大多默不作声，潜水式暗中观察。他们当中大多都有着明显的边界意识，并不希望被过多的信息给打扰。因此，他们习惯潜水以便暗中观察。

**三、青少年网络心理概况**

(一) 自由自在的网络原住民

青少年在网络世界中相当自如。他们面对各类信息和新鲜事物都相当轻松，并未有任何心理负担。反而当他们离开网络后，可能会出现不适应，甚至不懂该用什么来填补空闲的时间。网络也给青少年更自由的空间，让他们在网络世界中更能彰显自己的个性。

(二) 天生自信个性张扬

在网络世界中，青少年更加注重自身的网络形象，并乐于去维护这个形象，无论是对于自身的形象、生活还是思考，他们都显示出明显的自恋倾向。但随着年龄的增长，这种自恋的个性表达转变为理性的表达，且理性趋势逐渐明显。

## （三）借助网络自乐并共享

在网络世界中，青少年更偏爱休闲娱乐类内容，他们通过制作表情包、发段子、玩游戏、录制短视频等方式在网络上寻找乐趣，同时，他们也愿意将乐趣共享给同龄人。

## （四）借助网络解决问题

青年圈层化较为明显，他们会不自觉地将自己的社交圈子进行分层，并随时对新的社交关系或社交关系的变化进行调整，保证信息交流有条不紊。同时，青年也借助网络解决一切问题。青少年掌握各项网络技术，不管是在现实生活工作中，还是在网络世界中，当他们遇到问题时，第一想到的求助对象是网络。

## （五）更加保护自我隐私

相较于成年人的网络行为，青少年群体在网络上更加注重保护隐私，强调网络的边界感，形成以自我为中心的"闭环"。这就是为什么许多青年在社交媒体上对父母或领导进行屏蔽，从而能够更好地掩盖真实的自我，获取更加独立的空间，这是对虚拟的网络世界的一种心理防御。

# 网络文化："AWSL"问鼎年度弹幕

2019年12月，B站公布2019年度弹幕数据情况：B站用户总共发送14亿次弹幕，"AWSL"更是一举夺得年度弹幕，发送达到了329万次。根据《B站产品分析报告（2019）》显示，B站使用人群中90后、00后占比高达72.26%，所以B站年度弹幕已经逐渐成为反映中国年轻群体流行文化的重要标志。

## 一、"AWSL"到底是什么？

"AWSL"是"啊，我死了"的汉语拼音首字母缩写，从而表达出"被幸福、快乐、兴奋、喜爱情绪狠狠击中"的强烈情感。它起源于对 YouTube 知名虚拟主播"白上吹雪"的火热崇拜。每当她营业直播时，粉丝常说一句"あ、私は死んている"（A Watashiwa Shintei Lu，即 AWSL），而翻译成中文就是"啊，我死了"，这也就使得 AWSL 在中日两国实现了跨地域和语言的情绪共振。

## 二、"AWSL"缘何而红？

### （一）简洁的缩略语契合当下新内容消费习惯

简洁的缩略语被不同观众解读后，可以运用到各种场景。新京报传媒研究：消费者对内容采取"太长不看"的主张，使得当下内容消费习惯以片段式、碎片化为特点。"AWSL"作为拼音首字母的缩写，打字简单，满足当下新内容消费习惯。

### （二）非主流黑话的背后是青年的情感共鸣

其实，各个时代的年轻人都热衷于发明各种"黑话"，早年的"火星文"，社畜的"太南了"，粉丝的"上头"皆如是。而这些只有"自己人"才懂的"黑话"传播时，会产生强烈的情感共鸣。经济观察报："AWSL"之类的弹幕构成了视频内容的重要组成部分，唤起着不同时空观众的情感共鸣。中国社会科学院文学研究所高寒凝："AWSL"具有展现青年文化的使用特点，背后是某种固定的表意需求在年轻群体中流变后的结果。

### （三）"阿伟"的解读体现了青年用语的生命力

"AWSL"一词又进一步衍生出了"阿伟死了""啊我生了"等各种"脑洞"大开的解读。清华大学新闻与传播学院薛静：凭空诞生的

"阿伟"激发了大家的想象力,让使用者穿梭在不同时空的弹幕里,上演一场场"生离死别"的小剧场。中国艺术研究院王玉玊:网络环境与拼音输入法为流行词的发展更新提供了一条区别于口语环境的新道路。

### 三、"AWSL"爆火背后的启示

年度弹幕既是年轻人弹幕话语权的集中体现,也是对美好、积极、向上弹幕内容的肯定,但透过弹幕的"年度狂欢",我们也应冷静思考。

首先,走近"弹幕文化",把握学生思想动向。B站这类青年集群社区,弹幕作为互动的重要方式之一,往往反映出当代青年的社交习惯、审美情趣乃至时代记忆。弹幕内容能体现年轻用户的真情实感,从中窥见年轻用户的兴趣图谱和社交景象,从而成为获取青年群体思想动态的第一手资料。

其次,加强媒介素养,引导学生规范网络用语。弹幕这种零成本的情感宣泄为语言暴力提供了生长的土壤。在以包容的心态看待"弹幕文化"的同时,应以"立德树人"为核心,引导学生提高媒介素养,文明使用弹幕。

再次,关注学生需求,警惕"弹幕"背后的过度社交。有些青年学生宁可牺牲视频本身信息,也要与满屏的"AWSL"互动,这背后反映了对虚拟社交的过度需求。对于个别"极端"爱好者,学校应给予关注,了解其交友现状,引导其从网络走向生活。

最后,健全法律法规,建设优质"弹幕文化"。2019年年初出台的《网络段视频内容审核标准细则》和《网络短视频平台管理规范》将弹幕划入"先审后播"范围,进行"实时管理"。对于这类青年亚文化,要合理规范,因势利导,在尊重多元化的基础上,实现弹幕内容的健康化和清净化。

弹幕已成为当代大学生一种重要的交往、娱乐方式。面对新事物、新词汇，要"因事而化，因时而进，因势而新"，在繁华背后看到危机，在危机中找到契机。或许，想要拥抱年轻人，就要从读懂 B 站年度弹幕开始。

## 网络世界：B 站跨年晚会成"流量之王"

2019 年 12 月 31 日晚，在各大卫视争相开启跨年晚会流量之争之时，B 站跨年晚会成为最大"黑马"，好评如潮，刷下高达 8000 万的在线直播观看量，全程回顾视频观看量达 7500 多万，接近 85 万的弹幕不是在刷"卧槽牛逼"，便是表示"崩溃泪目"，无数人被其感动得"内牛满面"。B 站跨年晚会的异军突起，成为了舆论场上的焦点。截至 1 月 9 日，相关微博话题#B 站跨年#阅读 2.1 亿，讨论 9.9 万，百度检索 B 站跨年晚会信息条数约 768 万条。"bilibili 晚会二〇一九最美的夜"豆瓣评分 9.3。

### 一、B 站跨年晚会刷爆全网的原因

（一）赢得青年：从懂年轻人的特质到牵动年轻人的心

B 站立足平台用户，深入挖掘其背后的共同文化记忆，重现曾经最喜欢的游戏、影视剧、漫画，深深地击中人们的情怀泪点。新京报书评周刊："鬼畜文化、ACG 文化等等对于年轻用户来说具有强大的感召力。""'共同的文化记忆'显然是 B 站能够获得本次成功的关键词。"人民日报：晚会不在于多么争奇斗艳，而是从群众的心理需求导向出发，方能抓住观众的心。

（二）善用技术：大数据、人工智能等精准捕捉受众喜好

B 站通过智能技术发现用户实际需求和喜好，才呈现出让普遍受众

都喜爱的晚会效果。智能制造网：他们利用人工智能、大数据等技术，对B站后台的视频等数据进行深度分析，以此来了解用户群体的文化属性、态度和方式，并从中发现哪些嘉宾、节目、热点更受用户喜爱，从而将这些视频中的主人公和节目编排到晚会之中。

（三）多元包容：从万物皆可B站到迈向"出圈之路"

亚文化、网络文化、主流文化、传统文化的同台竞技给B站晚会出圈增添可能。南风窗：这场盛宴，以ACG文化为基地，对诸多大众文化进行融合，绘造奇妙的化学反应。人民日报：跨年夜已过去几日，但国乐演奏家方锦龙和洛天依合作呈现的《茉莉花》，以及与百人乐团的《韵·界》视频片段，却红遍全网，不仅传播率极高，还被人们反复观看并惊叹连连。

（四）价值输出：从圈地自萌到大众狂欢的"信仰之跃"

跨年晚会作为文化产品，其真正价值就在于其文化内涵，B站在坚守固有二次元文化的同时也挖掘中国文化的闪光点。人民日报：《哪吒》《那年那兔那些事》《流浪地球》等国产漫画、国产电影主题曲的登台，掀起了一个又一个的"燃点"，其背后是对中国文化的深刻自信。特别是在当下中国飞速发展和国际环境复杂多变的时代背景下，树立文化自信，弘扬中国文化是增强凝聚力、展现中国形象的必然要求。

## 二、B站跨年晚会刷爆全网的启示

这场时长3.5小时的晚会是迈入20岁和30岁的中国00后、90后一代庆祝成长的一场盛会，我们要透过铺天盖地的褒奖中思考其背后的深层次意义。

（一）赢得青年必须要知青年懂青年

B站展示着年轻人最前卫的认知、行为模式变化，早已成为研究Z世代思想动态的重要平台。在工作中，要学会创新工作思路、拓宽工作渠道，善于利用微博、B 站、网易云音乐、豆瓣等强互动性的平台，了解青年所思所想，真正做到知青年，懂青年，为党赢得青年。

（二）青年工作离不开大数据思维

大数据技术所带来强大的信息处理能力为青年工作提供了新的方法和思维。充分发挥大数据的正能量作用，能有效掌握舆论态势，充分了解青年的思想动态；打造网络思想政治工作模式，有效融合大数据技术与核心价值观教育内容，建立健全大数据视角下的"网络育人"长效机制。

（三）青年工作要求对文化多元包容

主流文化常存在表述严肃庄重、与青年学生缺乏情感共鸣的特点。而保持文化的多元性是文化传播的关键。对此，我们应当要在保持主流文化主导性的同时拓展其包容程度，扬弃青年群体喜欢的文化，推动二者的求同存异、取长补短、吸收并进，实现青年工作向生动活泼转变。

（四）青年工作必须强化道德培育

B 站上 Up 主百花齐放，为主流文化注入娱乐元素。虽然，这也为主流文化的嵌入提供了渠道，但仍要警惕过度娱乐化导致主流价值观的认同危机。对此，必须加强对视频创造者、网络平台管理者的网络空间道德建设，从而创造更多对青年引领有帮助的优秀作品，做有意义的价值输出。

（五）青年工作需要构建集体记忆

此次 B 站跨年晚会的爆红正是对于青年集体记忆重现带来的巨大能量。我们要抓住契机，引导青年在个人梦融入中国梦的奋斗中，构建起当代青年"强国一代"的集体记忆。B 站的跨年晚会的火爆是许许多多原因共同作用的结果，但它再火爆，也离不开它的本质——一场为年轻人而办的晚会。它在告诉世界，现在的年轻人追求平等尊重、崇尚开放兼容、保持活力幽默。习近平总书记说过:"青年是祖国的未来、民族的希望,也是我们党的未来和希望。"这样正能量的青年,不正是能够担当民族复兴重任的时代新人吗?

## 网络直播:暴露青年精神世界空虚

2019年7月,中国信通院政经所联合网宿科技共同发布2018下半年《中国网络直播行业景气指数及短视频报告》。《报告》显示,2018下半年,网络直播行业景气指数继续上行,截至2018年12月,短视频带宽总量同比增长超250%,观众规模同比翻两番。中国互联网络信息中心在2016年(被称为"直播元年")的调查数据显示,7.1亿网民,3.25亿看过直播。其中,在这超过3亿的群体中,有73.2%为14~28岁的年轻人,可见青年群体为观看直播内容的主力军。个性张扬的青年学生群体总是希望通过直播"当前真实的生活状态",由此证明"我存在",并不断试图通过直播这个窗口,介入、参与别人的生活状态中,其中不乏直播吃饭、睡觉等奇异行径,并大受欢迎。

### 一、具体原因

(一)追捧"非主流"文化

文化转型期,东西方文化交融碰撞,受西方文化影响的青年学生要求"言论自由"、反对文化管制,并尽一切可能与官方宣传的主流意识形态和价值观相抵触。他们潜意识认为官方宣教是高大上、光鲜靓丽刻意修饰的文化。相对而言,捧红无数普通人的直播,其接地气、真实、草根文化更对其胃口。

(二)内心窥私欲

青年学生在集体宿舍群居,和他人共享公共空间。在这种私人空间受压制的背景下，人都有着一定程度的窥私欲——想要探索他人的私密，但又不愿自己被人窥探。因此，通过探查别人的隐私来满足自身的控制欲，获得心理安全感是高校宿舍中的常见情况。在集体窥私欲的暗涌中，直播大行其道也不足为奇。

（三）现实落差大

高校氛围轻松，宅文化泛滥，大学生们享受着父母每月定期的"救济金"。现实中，大学生因手头拮据只能远观女神，但在直播平台仅需支付部分货币即可获得主播青睐，同时也可以消解无聊、压抑的情绪，以此获得一种与"网红"面对面的快感，满足其在现实生活中绝对无法得到满足的虚荣心。

（四）多重人格投射

青年学生是最早也是最经常使用新媒体的人群。一方面，他们对于最新最时尚的事物总是有着天然的包容和好奇心，简单上手后便频频尝试；另一方面，严重的网络依赖症致使其一旦远离网络，便深感无法与世界沟通。相较于与咫尺之人交流，他们情愿与网络另一头的人通过表情、打赏、留言等方式进行沟通，即使是现实沟通磕磕巴巴的人，在直播间也能妙语连珠。

（五）责任感及人生意义缺失

有相当比例的青年学生，存在"上课就犯困，上网就精神"的问题，常常表现为对课堂学习内容不感兴趣，课堂上玩手机、逃课司空见惯。当这种安逸的生活遭到社会现实碰撞后，便倾向于在直播间里寻找成就感，不愿也不想回到现实中找寻人生意义。

## 二、不良影响

（一）有损健康并阻碍学业发展

由于青年学生意志薄弱、涉世未深，不能抵挡直播中露骨表演的诱感，加之缺乏父母监督提醒，极易迷失且无目标。当青年学生在网络直播上得到的越多，就会渴求越多，继而投入时间就会越长，从而陷入一种恶性循环。在回到现实生活之后，学业发展不好，抗挫能力不强，种种落差导致其在社会竞争中频频失利。

（二）造成青年学生语言失范

网络直播主播为求得高额的收视率和流量，不惜以恶趣味和奇闻异事为主要直播内容，这其中大量不文明、低俗和粗鄙的网络用语被不加节制、不明情理地频繁使用，导致了语言的降格和异化。网络热词和流行语仅仅流行一段时间，意义贫乏，其走红反映出青年学生思想的贫瘠和情感的浅薄。

（三）导致现实人格和网络人格的脱节

青年学生长期流连于网络平台，"抱团取暖"成为常态。相比和周围人的实体交流，他们更倾向于和网络另一端的人通过直播来猜测、问答、挑逗。由此可见，网络直播离间了人与人之间的亲密感，制造了人与人之间的心灵距离，强化了无意义感和空虚感。

（四）弱化道德与法律意识

不少直播平台利用监管漏洞，宣传甚至鼓励主播们"敢为代言"，并通过各种推送渠道预告"今晚某直播要搞个大新闻"，或发布诸如"主播表演让人脸红心跳，是男人都无法拒绝点开"等带有明显色情意味的宣传文案，挑战道德和法律的底线。

### 三、对策建议

（一）直播平台

一是扩大直播领域范畴，除了秀场和游戏等主播模式，在新闻类、健身类以及公益类直播领域派驻专业主播。如斗鱼直播推送"高科教你5分钟宿舍健身"、熊猫直播主推"益起跑"校园迷你马拉松活动，吸引了大量青年粉丝学习效仿。

二是严格把关"网红"主播直播言行，建立主播"黑名单"。加强内容审核和表演者监管，对"什么能播、什么时间播、给什么人播"等关键性问题给出规范性建议，违规者纳入"黑名单"。如优酷直播要求旗下主播不得在直播过程中摆弄吃香蕉、舔酸奶等带有明显挑逗、色情意味的动作。

三是加强低俗内容整改，呼吁和扶持各类网络主流媒体开设网络直播内容，扩大优质信息内容的供给。针对不同的网络直播内容，应该进行局部的实名制和分级制。

四是加强内容监管，效仿微信内容的管理方法，建立网民举报和建言机制，可设置"一键举报"功能对含有色情、暴力、辱骂等不良直播内容进行检举揭发，全民参与构建清朗直播环境。

（二）高校

一是抓紧新生教育，引导大学生养成健康的生活方式。在新生入学这一关键时间节点，通过线下游戏、有奖问答、直播开学季等活动做好校园官方直播平台的宣传推广工作。后期可考虑利用该平台直播晨跑、晚练、读书会、沙龙等校园活动，开放线上弹幕和评论功能，形成线上线下联动。

二是打造高校本土"网红"，培养一批"网红"学生主播、"网红"思政教师。通过同学推荐、自主报名等方式，从播音主持、影视表演等相关专业中挖掘出语言表达能力较强、思维反应较快的学生，校方主动推广成为本校"网红"。如北京大学"老教授"杨世显利用斗鱼直播大学高数课程和考研数学培训，短短数日粉丝超过11万人。

# 网络竞技：究竟是来者不善还是网瘾良方

2016年12月"2016中国十佳劳伦斯冠军奖"公布入围名单，电竞战队"wings"赫然在列，与邹市明、丁俊晖、柯洁、张弛争夺"非奥运动员奖"。电竞战队"wings"此前在国际游戏邀请赛上夺冠，获取高达912万元的奖金，从此一举成名。五个"游戏少年"成为此次"劳伦斯奖"瞩目的中心，也使"电竞"这一素来极具争议的关键词冲上网络舆论的风口浪尖。

一直以来"电竞"一词的热度居高不下，那么来势汹汹的"电竞"到底是不是为"网瘾"寻来的合理借口？公众对其态度如何？其弊端能否转化为益处为教育所用？种种问题亟待探究。

## 一、网络观点

**（一）主流官媒罕见正面发声报道电竞现状，暗含隐性认可**

早在2003年国家体育总局便正式把电子竞技运动列为中国第99个正式开展的体育运动项目（此后调整为第78项运动）。电子竞技作为近年崛起的项目，越来越多受到主流媒体的关注。在2016年电子竞技大赛全国总决赛开赛当天，微博大V@共青团中央 便发布标题为《德玛西亚！今天NEST2016开赛，你真的懂电子竞技吗?》的微博，讲到"'玩游戏'不等于电子竞技"，并附文介绍电竞这一体育项目。

**（二）科普电竞基本常识，为"妖魔化"的电竞正名**

作为正规体育运动项目，电子竞技在被教育部于2016年确立为"电子竞技运动与管理专业"（简称"电竞专业"），纳入"教育与体育专业大类"以及"体育类专业类"之下。许多专家学者、主流媒体纷纷理性阐述电竞专业。@胡泳（北京大学社会学副教授）指出，电竞是一种使用电子设备作为载体的竞技活动，选手通过软件和硬件的联系，进行具备规则、战术策略、训练技巧以及公平公开竞争等体育运动要素的竞赛，并不同于一般人所认知的休闲娱乐性质浓厚的"电玩比赛"。@新京报 曾发布微博报道一位父亲在朋友圈晒出儿子的《穿越火线学科试题》的事件，称试题涉及战略战术，亦有可圈可点之处。@Pharos－Clouds（斗鱼著名游戏主播）指出把玩游戏和电竞联系在一起，这是对电竞的不尊重，也是变相的为自己沉迷游戏找借口。

（三）担心电竞成网瘾"华丽外衣"，质疑网瘾少年自制力

尽管电竞的专业性已受到官方正名，但仍有部分网友担心自制力差的青少年以此为借口沉迷网络游戏。@战术大米（知乎电竞类回答大V）担心在"什么是电竞、哪些游戏可纳入电竞项目、什么样的活动才能算电竞比赛"等核心问题还缺乏具体说法的情况下，贸然推动电竞的行为存在较大风险。@丁大匠（网瘾少年矫正群群主）直指若电竞纳入正途，是否会有孩子沉迷其中，幻想可以靠打游戏成职业选手，据此反驳劝自己不要沉迷游戏的家长。目前，中国的电竞产业急速发展，成为经济推力的趋势，主要依靠赛事、直播、产品等营收点恐存"泡沫"之患。截至2016年9月，中国已超越美国成为全球第一大的游戏市场，但有网友担心青少年会成为电竞产业发展的牺牲品。@真的是疼啊（电竞圈达人）直陈电竞圈乱象——选手素质参差不齐，网瘾少年变身千万级身价的职业选手，虚荣心膨胀，直播飙脏话，甚至还有选手去夜店。

（四）对比"电竞玩家"和"网瘾少年"区别，消除误区

电竞圈达人和一些以电竞资讯攻略为主要盈利点的网站，针对外界对"电竞＝玩游戏＝容易上瘾"的刻板印象进行了驳斥。著名游戏网站@游牧星空 直指二者自控力不同，称电竞玩家拥有清晰的头脑思维，

对游戏过程有着强大的把控力；而网瘾少年由于依赖成疾的病理性，反而容易随着"练级""打怪"而越陷越深。微博网友@V咖社（斗鱼电竞频道特约评论员）指出，电竞玩家本身是职业者，电竞玩家不断发现漏洞，提出创新灵感，直接从游戏制作方领取报酬。网瘾少年则为了不断购买游戏中的"武器装备"，或是通过向游戏主播"打赏送礼"而投入大量"真金白银"。微博网友@李爱龙（首批探索开设电竞专业的负责人）指出，电竞的竞技特性，对玩家的思维能力、反应能力、心眼四肢协调能力和意志力提出了严苛要求，而网瘾少年只为追求升级，大多求助于"装备""攻略""秘籍"等获胜捷径，技术上基本处于原地踏步状态。微博网友@王熹（电竞圈玩家）则指出，电竞玩家由于金钱报酬驱动，更倾向于突破游戏规则，找出技术层面上的漏洞，在证明自身技术能力中获得快感。网瘾少年大多只追求在游戏等级榜中占据一席之地，或是单纯满足于游戏获胜的虚荣感。如未达到目的，网瘾少年则常通过"喊麦"（使用电脑麦克风辱骂粗话）、"团战"（组建游戏小团体恶意围攻其他高水平玩家）等不道德的方式进行宣泄。

**二、对策及建议**

作为新生事物，"电竞"也引发了群体性担忧。一方面，电竞是否会提供错误的价值导向？电竞参与者多为三观尚未成熟的青少年，容易形成"电竞＝玩游戏有出路"的错误观念，认为"电竞"是一种玩着走向成功人生的捷径。另一方面，电竞是否会成为"网瘾少年"的合理借口？家长们普遍质疑在电竞行业规则尚未成熟之时，就将其引入大学课堂，对青少年自我控制力是一种严峻的挑战。面对以上质疑，需社会各界共同努力，对"电竞"进行规范和引导，使之被纳入教育正轨。

（一）监管部门应使电竞规范化

一是电竞选手自身应明确身份。对于电竞玩家来说，其作为职业选手,必须以非常高的标准去要求自己,不断地提升自身水平,从而在突破游戏后给予游戏开发公司合理化的建议。社会应给予电竞选手作为职业化人员应有的尊重,使选手意识到自己作为专业化人员所肩负的责任,从而自觉地规范自身行为。

二是应完善电竞的赛制规则。目前电竞竞赛中,竞技的专业性和行业规范性仍是空点、盲点。用户市场的不断成熟,使得对赛事和选手专业性需求不断提高,不但需要借鉴欧美等国相对成熟的竞赛规则,引入仲裁评判机制,细化评分规则,也需要培养专业的电竞解说主播、电竞裁判、电竞直播团队,探索本土化经验。

(二)教育部门应合理引导网瘾少年

一是应从观念上对"电竞"知识进行普及,帮助青少年正确理解其中"竞技"的核心概念,强调电竞过程中考验玩家的思维能力、大脑反应、组织能力、意志力、手眼协调和计算能力等正面价值,以防其将电竞当作沉迷网络的借口。

二是应积极组织电竞实践活动,让青少年了解电竞行业细则。例如参观游戏开发公司,可让青少年了解游戏开发过程,启发其思考游戏开发者的设计意图,从规则的全局视角控制游戏;又如参观电竞职业选手的团队训练,可令青少年了解获奖者光辉背后的付出和汗水,从而明白电竞选手的成功并非捷径,脱离盲目崇拜心理。

## 网络乱象:病态的人体刺绣

2017年6月,湖南经视《经视焦点》曝光了一款网上流传的危险游戏"人体刺绣"。该游戏流行于日本的 twitter 和 instagram 等社交软件,后传入我国。"人体刺绣"游戏,就是在人体手臂上、手掌上,甚至嘴巴上用针线缝起来。这种"穿针引线"的行为受到日本漫画作品《东京食尸鬼》的影响,作品中的角色"铃屋什造"是一个热衷于"人体刺绣"、行为怪异的青年男孩。据调查发现,蓝鲸游戏的参与者大多是涉世不深的青少年,并把自残的经过发布在网络上。

在网上输入"人体刺绣"等关键词,出现不少关于"人体刺绣步骤图""人体刺绣怎么弄"等词条,以及"人体刺绣"贴吧(后已强行关闭),在贴吧里有很多的青少年参与者分享自己的刺绣经验。

### 一、"人体刺绣"与"蓝鲸游戏"

"蓝鲸游戏"是2017年兴起于俄罗斯社交平台上的"死亡"游戏。一个完整游戏周期是50天,参与者需要按照要求每天完成一项内容,例如:4点钟起床、收看恐怖电影等,同时参与者还被要求在自己身上刻上蓝鲸图案。每次完成任务后,都需提供图片或视频证据。50天后,参与者会为了证明"赢得游戏"而去自杀。由此可以看出"人体刺绣"与"蓝鲸游戏"之间存在着一定的共同点。

首先,都是从境外流入。"蓝鲸游戏"起源于俄罗斯,"人体刺绣"则流行于日本。两款游戏则都是在发源国内有了一定的热度,通过互联网传至我国。

其次,两种游戏都是通过社交软件传播。该种传播方式更为隐蔽,图片和相互交流能够增强游戏的真实感,让未体验者能够更为迅速地了解相关内容。

最后,游戏都是流行于青少年群体。蓝鲸游戏和人体刺绣,这种近乎自残的游戏之所能在青少年群体中传播,主要还是因为青少年群体正处在心理叛逆期,一旦当他们觉得无法融入学校、家庭和社会时,就企图用这种反常规的举动宣誓自己的存在,用标新立异来体现自己的另类独行。

## 二、"人体刺绣"流行的原因

"自我伤害行为"是心理学上用来概括,那些并主观上并没有自杀想法的,但通过其他方式对自己身体造成直接、间接伤害的行为,这是个人进行自我惩罚的一种手段。例如:割伤、绝食、用烟头烫伤自己等。

"人体刺绣"不仅仅是单纯的自我伤害,青少年追逐这种近乎自残的"潮流",更多是在炫耀和获取社交价值。在该事件中,游戏的流行以社交媒体为基础,很多参与者将自己的"作品"放到社交软件上,获得他人的肯定与赞赏,进而获得满足感。

## 三、"人体刺绣"的危害

"人体刺绣"虽然不像"蓝鲸游戏"那样引导青少年走向彻底的深渊,但也存在危害。在心理层面,特立独行的行为可能会加深参与者的叛逆程度,使得其不能更好地融入家庭,进而影响青少年成长。在生理层面,很多参与者使用的针和线并没有经过严格消毒,空气中带有的病菌可能会带到皮肤里边去。有医生表示,一旦感染,轻则红肿疼痛,更为严重的可能会引起败血病、破伤风等。

## 四、相关对策建议

第一,家长作为"第一责任人"要及时了解孩子生活学习动态,对于出现心理问题较为严重的情况,必要时应介入心理咨询等科学方式进行辅助治疗。另外要积极配合学校,发现相应苗头要及时加以引导,把施压传导变成方向引导,用良性的催化剂,帮助青少年内心产生对成长有益的化学反应。

第二,学校应随时掌握青年学生的思想动向,对影响学生身心健康的危险游戏,应及时制止,并告知家长,共同解决问题。学校可提供心理咨询服务，对网瘾学生和心理问题学生给予帮助，及时引导，避免走向极端。

第三，网络监管部门以及有关社交平台要加大信息筛查力度，及时删除相关违法信息，最大程度限制其传播和发展。加大执法力度，严惩散布违规内容的网站和人员。

## 网络红文：从"心灵鸡汤"到"心灵砒霜"

2015年12月搜狐教育发表的题为"心灵鸡汤都是骗人的，我们需要心灵砒霜！"的文章引得一众网友开始熟知"心灵砒霜"一词，后有微博大V@冷笑话精选发表一条名为"冷哥这里有碗毒鸡汤，点开大图喝完可能要重新思考人生"的微博，再次引发将"毒鸡汤"炒成网络热词，加之"金星秀""奇葩说"等脱口秀节目的迅速走红，也恰恰体现了"毒鸡汤""心灵砒霜"在青年中流行。

### 一、"心灵砒霜"内涵及特点

"心灵砒霜""毒鸡汤"顾名思义，以其犀利的言辞、精准的伤口撒盐，强调以毒攻毒，揭人伤疤，让你自己去清醒。

"心灵砒霜"的类型也是多种多样，一是"物以类聚，人以穷分""世上无难事，只怕有钱人"这一类金钱角度上的冷水；二是"生活会让你苦上一阵子，等你适应了，再让你苦上一辈子""有时候你不努力一下，都不知道什么叫绝望"之类的反成功学打击；三是如"虽然你胸小，但是你脸大呀""减什么肥呀，脸丑和体胖并没有关系"之类对于容貌的嘲讽。

与父辈们更需要心灵鸡汤的抚慰与鼓励相比，90后和00后青年生长在物质资源丰富、信息资讯海量的时代，他们内心更加自信，眼界更加开阔，思维更加敏捷。正是因为这份自信，让自嘲反讽、自黑互黑成为"习以为常"的相处方式，"毒鸡汤""心灵砒霜"的犀利言辞非但不会让他们受挫、受打击，反而能起到类似激将法的功效，使他们愈挫愈勇。

## 二、网络观点

### （一）支持态度

一是认为"心灵砒霜"揭露社会事实，让人早点看清现实。知乎网友夏亚阿兹纳布尔：负能量段子是对阶层日益固化、贫富差距不断拉大的社会的真实反映，对现代性建构的信念规范体系的全面解构。那不是负能量段子，是事实。

二是认为"心灵砒霜"幽默讽刺的风格，容易引起大众情感共鸣。知乎匿名用户：离开了高中，接触了社会，才发现之前的成功学跟心灵鸡汤是那么不切实际，而往往那些负能量的段子却是自身的写照，幽默的共鸣、共勉，反而心里觉得世界都是那样的，会觉得平衡一些。

三是认为"心灵砒霜"也有正能量，能打破鸡汤带来的虚无主义。网友思小妞：鸡汤再好，它也只是一碗汤，不能抵饱。而心灵砒霜就像难吃粗糙的干粮，你咽的时候觉得拉嗓子，火辣辣地烧着疼，但它却总能道出残酷的真相，让你看清前方不进则退的洪流。

### （二）反对态度

一是认为"心灵砒霜"打击青年的进取心。知乎网友@已经放假：负能量并不等于事实，也并不等于正能量。明明可以做到，劝人轻易放弃，让人连基本的进取心都丢失了，这是误人子弟。

二是认为"心灵砒霜"成为安于现状的借口。知乎匿名用户：喜欢看毒鸡汤的人，可能在生活条件上比较优越，抗压能力比较低。毒鸡汤会比较容易成为平庸之人甘于平凡，安于现状，不努力上进的借口。

### (三）中立态度

一是认为阅读者要有对信息的判断力。知乎网友@夏不安：假设每个人对自身有相当的了解，对于自己追逐的方向有认识，那么对于有些致力于物质追逐的人，成功学可以帮他更好地坚持并给予信心，而对于一些本身并不追求此的人而言，他可以通过自己的判断力屏蔽掉这些信息。

二是认为鸡汤有其正面引导作用，但关键自身要有行动力。网友思小妞：如果把心灵鸡汤一棍子打死，也是不公平的，它就像阿司匹林，可以解热镇痛，但你要真的恢复健康，就不能滥用，而要依靠自身的机能。

## 四、经验启示

### （一）创新"心灵砒霜"的表达形式

在崇尚"微传播"的新媒体时代，"心灵砒霜"以短小精悍、猎奇吸睛、言有尽而意无穷的特点备受青年喜爱。相比之下，传统的"心灵鸡汤"往往故事情节俗套化，语言陈旧，表达生硬，加之篇幅冗长，洋洋洒洒数百字乃至上千字，显然和新媒体时代青年"短、平、快"的阅读偏好背道而驰。诸如"我知道努力不一定成功，但是不努力，很轻松"等"心灵砒霜"，以押韵的形式，融合了幽默的语调，带了点正话反话的意味，不仅不使人丧气，反而令人笑后深省，缓解压力后继而前行。如同"表情包"一样，可以利用图文配合来推动"心灵砒霜"正能量的发酵，发挥令人深思的力量。

### （二）提高"压力阀门"的承受阈值

除却外部力量的影响，青少年内部也应重视提升自身的抗压能力，掌握负面情绪的自我排解方法，培养良好生活、学习态度，树立正确价值观，增强自信心与抗压能力。学校和家长应该聚焦青年的个体差异和现实境遇，关注其心理成长与话语表达，重视其社会需要与诉求，引导其向上向善，打造健康积极的生活态度。同时，学校也应完善心理咨询体系，新增心理咨询室、招聘专任教师，通过定期举办心理疏导活动等方式，或者是通过团体性的心理疏导和一对一的心理教育，使得青年自嘲和宣泄的等负面情绪得到释放，达到缓解压力的目的。

（三）夯实"媒介素养"的价值基底

主动培养政治立场坚定、熟悉传播规律、了解网络话语、擅长沟通说服工作的正能量意见领袖，或将政治牢靠、思想端正、人气颇高的"草根达人"纳入宣传体系内，完成"体制吸纳"，用青年人喜闻乐见的方式，形成"毒鸡汤"的对冲力量，趋利避害，更好地发挥"毒鸡汤"发人深省的作用。政府、高校应帮助青少年提升网络媒介素养，帮助其增强自身拒防能力、信息筛选力度、真假辨别能力，主动抵制各类带有明显消极厌世、仇官仇富、暗讽攻击体制的"心灵砒霜"。

# 网络舆情："泛维特效应"现象分析

2016年"开学季诈骗案"在各地均有发生，山东两名大学生徐玉玉和宋振宁因电信诈骗伤心致死事件还未彻底平息，广东揭阳准大学生蔡某被骗身亡的悲剧持续出现。

## 一、回顾：被骗身亡案事件概述

2016年8月21日，山东准大学生徐玉玉因被诈骗电话骗走9900元学费伤心欲绝最终导致心脏骤停，虽经医院全力抢救，但仍不幸离世。

2016年8月23日凌晨，山东临沂市临沭县即将进入大二的山东理工大学学生宋振宁，在遭遇电信诈骗后不堪压力和自责情绪，心脏骤停,不幸离世。

2016年8月28日,广东揭阳市惠来县准大学生蔡某妍因被短信诈骗一万多元学费和生活费,于当日留下遗书离家出走。次日,惠来警方在海边找到蔡某妍的尸体。

### 二、溯源:被骗身亡后案"泛维特效应"

近期三起准大学生电信诈骗后身亡后的舆论走向,可将其归纳为"泛维特效应"。

所谓"泛维特效应",即由"维特效应"的概念扩展而来。1774年德国大文豪歌德发表了一部小说《少年维特之烦恼》,书中主人公维特因失恋而自杀,且作者以浪漫、唯美的笔法详尽描写了自杀的过程。小说发表后,在整个欧洲引发了模仿维特自杀的风潮。这种效仿的行为就是心理学中的社会认同原理,当一个内心痛苦的人看到其他内心痛苦的人采取了自杀的形式,也认同这种消除痛苦的手段。

由此类推,可以把突发社会恶性事件发生后,经由媒体和网民扩散渲染,引发整个社会不由自主地连锁式效仿和相关负效应,称为"泛维特效应",其具备如下特征:一是性质为社会恶性且有不良影响的事件;二是后续事件性质相近或行为模式趋同;三是二者间存在一条较明显的"示范—模仿"路径;四是效仿事件导致负面效应进一步扩散。

### 三、解读:被骗身亡案"泛维特效应"涉及维度

第一个维度:以电信诈骗成功得手为焦点的社会信任危机被逐级放大。公众对电信诈骗致人死命事件的批判谴责,并将接二连三的3起类似事件在微博这个公民舆论场上进行了梳理,并将各类猛料集中爆发出来,故公众对着日趋淡漠的人情关系感到焦虑。

第二个维度:以电信诈骗屡禁不止为焦点的政府执政危机被逐级放大。日常生活中电信诈骗已屡见不鲜,尽管出台了各项新政但仍屡禁不

止,并联想到电信诈骗中"细思极恐"的官方信息源被泄露,故公众天然对此抱持着政府不作为、不信任的质疑。

第三个维度:以电信诈骗闽籍疑犯为焦点的福建形象危机被逐级放大。此次事件可视为此前莆田系医院造就的"魏则西事件"长尾效应的延续,闽籍诈骗犯的曝光强化了外界对福建的敌对态度,甚至网传福建四大宝:骗子、游医、造假者、黑社会,故公众短期内对涉闽新闻抱有抵触反感情绪。

**四、分析:被骗身亡案"泛维特效应"舆论走向**

第一向度:从一般事件报道走向系列事件讨论。"徐玉玉案"前,其实已发生过涉世未深的学生被骗学费生活费的事件,但因钱财较小,或未造成严重恶劣的社会影响,故较少见诸报端,多以快讯形式进行通报。"徐玉玉案"后,经由媒体报道,网民发现了类似事件爆发的密度,事件热度也随之急剧上升,见诸各新闻网头条,并创下了新浪微博24小时话题榜第一位的关注度。此外,媒体自采稿、深度稿的比例明显提升,被骗身亡案从原先的孤立事件变成焦点事件。

第二向度:从吸引关注度走向人文主义关怀。以"徐玉玉案"为分水岭,是心脏骤停此后媒体和网民经历了一个疯狂吸引眼球的阶段。一方面是符号互动频繁,把"大学生""被骗""猝死"等耸人听闻的词打上了标签,并以此作为讨论话题炒高炒热。另一方面,"爆料"让位于同情。从一开始鱼龙混杂的网友爆料传言,媒体对自杀或身亡场面的生动细节描写,到渐趋冷静理性后的人文关怀,网友自发组织线上哀思悼念。

第三向度:从线上借事论事走向线下倒逼改良。网民发声,媒体跟进,深度报道和网络跟帖数量显著增加,从最开始的事实陈述向深层原因探析转变,立体还原了几位被骗身亡者的家庭环境、成长背景、性格特点等,提出了诸多有建树性的议题:留守儿童如何疏导封闭心理?大学生被骗后公安机关如何处置？并就信息源为何泄露、受骗报警后为何久未立案、电信监管是否到位等社会责任进行了切割划分，倒逼政府出面回应并提出解决方案。

**五、延伸："泛维特效应"中的舆情发酵链条**

第一链：靠弱势标签引发共情

三起被骗身亡事件的主人公，都拥有类似的社会身份标签：（准）大学生、农村家庭孩子、经济情况困窘。与之相对应，公众自然将联想到单纯善良、涉世未深、懂事自立等褒义形容，并将他们的经历进行了自我代入。和诈骗团伙相比，处于弱势地位的网民对新媒体时代"隐私裸奔"人人自危，折射出"抱团取暖"的心态。

第二链：靠极端结果引发争议

"以死相抗"让诈骗从最初的熟视无睹上升到国民议题，"闹出了人命"的极端结果成为发泄口，网民开始给舆情添油加醋，纷纷以"死"为关键词反复替被骗身亡的"徐玉玉们"鸣不平，随后从单纯的个案探讨升级为对社会普遍问题的追问，引发了对制度性问题的集体反思。从"徐玉玉案"开始，"被骗后该不该自杀""当代大学生心理承受能力几何"等议题被推至网络的风口浪尖。

第三链：靠细节披露引发声讨

越多关注引发越多爆料，各种或真或假的"证据"浮出水面。其中，既有真实描述徐玉玉的成长环境和钱款来源，又有恶意臆断徐玉玉心理健康和人品的不实猜测。分析愈深入，关联方愈多，话题热度持续。当越来越多的"诈骗—反诈骗"话题经由该事件集体爆发，有人开始给其他人科普诈骗电话的特点，有人开始现身说法谈及被骗经历警醒他人，矛头均指向诈骗团伙。

第四链：靠媒体起底引发追责

沂蒙晚报网率先发布"徐玉玉案"消息，随后澎湃新闻、《南方都市报》等主流媒体也进行了持续追踪报道,从而引导网民把关注点从单个的徐玉玉,放到了拥有相似悲惨遭遇的"徐玉玉们"身上,将电信诈骗产业链、信息贩卖多方关系呈现给网民。"徐玉玉案"就从对个别的极端事件的报道上升为对"是否闹出人命公安破案才能如此神速""信息泄露源头到底在哪"和"诈骗产业存在的黑色利益链是怎样的"的集体探讨,要求追查幕后产业链、内鬼,全盘起底相关责任人。

第五链:靠社论社评引发内省

"徐玉玉案"牵涉出约160万人从事网络诈骗产业的现状后,越来越清晰的黑色产业链曝光于光天化日之下,并让所有的网友们有了申诉渠道,并在社交媒体上痛陈不堪其扰的诈骗和被骗经历。党报官媒待"尘埃落定"后对该事件进行全景式的梳理,并顺应民情民意做出责令整改、彻查到底的承诺。民间舆论场中,网民们利用微博、微信自发发起"我们欠徐玉玉一个道歉""今夜我们都是蔡某妍"式的线上哀悼活动,也可视为集体反思内省的符号缩影。

### 六、拓展:潜在"泛维特效应"舆情特征

**典型性:妇孺皆知,人人知之**

舆情事件越典型、越为人熟知,越能成为街头巷尾人人热议的话题。徐玉玉案发生之时正值各大高校"开学季"前夕,准大学生、农村家庭、电信诈骗和猝死等极富标签性的关键词抓人眼球,故短时间内便登上了各大新闻网站头条,客观上把"徐玉玉们"推到风口浪尖。

因此,典型性的舆情本身具有较高的话题消费度,并具备相当程度的负面效应,则容易让"围观"的网民产生猎奇、追索、求证等自发行为,又将进一步辗转扩散舆情。

**连锁性:性质类似,人人论之**

舆情传播并非孤立的事件扩大,而是会随着各种"爆料",让网友和公众产生关键词的联想,把性质相同或相近的事件挖掘出来。蔡某妍

的自杀被很多媒体打上了"徐玉玉再续"的标签,在报道倾向上也多使用"又一起""被骗死再现"等暗示性字眼,让网民对前序事件产生联想。

因此,同类型事件多将通过"捆绑销售"的方式互相炒高话题热度,也使得网民利用"诈骗""死亡"等关键词牵涉、追溯出相关事件,使得本就泛起涟漪的舆论场再掀更大的负面波澜。

宣泄性:自带槽点,人人骂之

舆情一定要成为全民话题,让所有参与"围观"的网民都有话可说、有话想说,才能依托"槽点"形成话题消费。网友对负面舆情天然有着反感反叛的情绪,转评中难免将捎带上自身观点。电信诈骗团伙利用数条短信、数通电话,便将一个农村家庭一整年的收入骗到手,如此不义的"生财之道"戳中了痛点,故引发网络骂战也在情理之中。

因此,舆论如果本身能让网民"插上两句话",且在转评的过程中又可表达自身观点和立场,则很容易唤起围观者的情绪和立场倾向,负面舆情将进一步发酵。

利益性:感同身受,人人诛之

舆情讨论的热点如果涉及网民的切身利益,则将从几何式增长到爆炸性裂变传播。新媒体时代,电信诈骗短信人人皆收到过,而各类推销电话也不堪其扰,更遑论被各类中奖信息每十天半个月问候一下。不劳而获的骗子和老实被骗的普通人本就对立,而本次事件更放大加剧了网友的被剥夺感和不公感。

因此,一旦舆情和人民群众切身利益挂钩,且因事件的普遍性而让人人担忧是否也是"潜在受害者"时,则很可能出现一些效仿者通过极端方式维权,使舆情负面效应最大化。

## 七、启示：如何避免陷入"泛维特效应"舆情怪圈

### （一）强化媒体报道规范

对于负面的、犯罪的、自杀的事件，联合宣传监管部门做好新闻审查工作，避免相关新闻"碎片化""八卦化"。例如不过度渲染悲情。不要"光荣化"报道，不要使用宗教或文化的刻板印象来解读，不要将相关事件置于醒目位置甚至头版头条，不要把自杀或犯罪描绘成有魅力的、轰动的、改变社会痼疾的，从而让报道回归理性和真实。

### （二）及时疏导负面情绪

当潜在犯罪者或自杀者在互联网上流露出相关意图时，要及时安排网络心理咨询员与之接洽，向其规劝并提供不采取极端方式的其他解决方法，要提供与自杀、犯罪防治有关的求助专线与社区资源，要摒弃脸谱化、悲情化、简单化的交谈疏导倾向，避免以居高临下的姿态对自杀或犯罪潜在实施者进行斥责、谩骂，要严谨求证并严格控制信息发布源，避免媒体一窝蜂跟风报道，要联合学校、社区、单位等多方力量，宣传积极向上的生活态度，进行心理健康教育，要通过公益讲座营造"英勇求救并非弱者"的社会环境氛围，鼓励有心理障碍的公众勇于咨询。

# 第八章 追求 or 放纵——青年的生活选择

## 引言：生活的诗和远方

"世纪青年"——"90后""00后"一代成长在由传统向现代高速更迭的纪元时代，他们是集新旧文化于一身的"时代宠儿"，心理世界矛盾，具有明显的两面性；消费观念新颖，具有明显的时代性；健康生活隐忧，具有明显的风险性。

矛盾的心理世界。一方面，"90后""00后"青年群体富有激情，自信向上，敢爱敢言，是充满个性和活力的一代；另一方面，他们也面临着高强度的学业压力、就业竞争，以及婚恋、房贷、车贷等困扰。生活节奏加快，青年时常焦虑感明显；贫富差距加大，青年不平衡心理突出。有的青年一面喜欢做着孩子气的行为，大喊"我不想，我不想，我不想长大"的青春誓词，另一面又自称为"暮气沉沉""空巢老人"；有的青年虽享受着时代赋予的最好资源，却整天消极度日，呈现出"空心病"状态，甚至成为"废青"。他们是互联网时代的"数字原住民"，是网络生产生活的"生力军"，信息接受能力强，对新生事物敏感，喜欢冒险的生活，既愿意成为网络文明志愿者，也容易成为网络攻击受害者。他们的网络生活方式和现实生活方式差异明显，世界观、人生观、价值观受各种思潮影响，心理世界充满着矛盾。

超前的消费观念。"90后""00后"青年的消费观念和方式极具时代特色。首先，他们更愿意去追求时尚和新颖。新时代青年的消费理念体现出与时俱进的前卫性，具有强烈的冒险精神，反映在消费心理与消费行为上，就是追求时尚新颖，容易接受新鲜事物，成为新型市场消费增长的中坚力量。同时，他们也存在不合理消费的行为，在消费过程中，难免会标新立异，过分强调个人主义，由此引发"情绪化消费""超前性消费""享受性消费"等的不良消费观念。新颖的消费观念能够彰显出"90后""00后"青年的青春特色，但部分青年过于追求时尚，不顾自身经济承受能力、爱慕虚荣、有钱就花的"盲目消费"，容易加剧家庭和个人的负担。

隐忧的青年健康。相比于"80后"，"90后""00后"健康自评下降，部分习惯熬夜刷题、打游戏通宵达旦的青年感慨："老了，晚睡一小时，毁掉一整天。"他们怀念的是那个怎么"造"都不会出差错的身体，但现实又发出警告，每个人都要遵循最基本的健康规律。在他们的自我认知中，实际健康水平不及对健康状况的预期，对于大部分青年而言，健康消费占收入比重中的一大部分，他们把健康从被迫为之的消费转变成预防性的投资，他们身上彰显着新一代社会成员健康管理观念的变化。此外，每天可以自然醒的青年不足三成，晚上不睡觉、早上起不来、白天精神不振、夜晚精力充沛等行为已成常态。现实生活中，"90后"养生则是摆在众多年轻人面前的事实，一边熬夜一边养生，这种看似矛盾的生活状态，生动地描述了"90后"所处的纠结处境。

## 装嫩与叹老：青年人的成长矛盾

当下的青年出现了一种矛盾的表现。一方面，他们鼓着腮帮子装嫩。另一方面，他们又不断自称是"空巢老人"。这种既装嫩又叹老的矛盾心理是如何产生？而我们又该如何面对这样的矛盾心理？

### 一、"抱着奶瓶"装嫩与"暮气沉沉"式叹老

在我们日常生活中或许会经常看到这样的现象，不少女生穿着可爱的娃娃装，一边抱着奶瓶喝水，一边用叠字嗲嗲地说话，用装嫩的行为掩饰自己的实际年龄。面对这样的装嫩行为，不少人并不反感。团中央的一项面对18～40岁人群的名为"青年KIDULT现象研究"的社会调查显示，有九成受访者并不反感"装嫩"，有近四成的受访者表示喜欢孩子气的行为，同时，约有五成的受访者时常出现不想长大的念头，他们认为装嫩可以缓解各种压力。在调查结果中，男生愿意变得比自身的实际年龄小八岁，女生则希望比自身的实际年龄小十至二十岁。在上述调查中，有三成的受访者对婚姻感到恐惧，有五成的受访者认为因社会的复杂虚伪而感到孤单，有超过六成的受访者表示在现实生活中感受到竞争的压力。事实上，叹老是他们面对现实社会中压力的恐惧的表现，而装嫩无非是他们在内心中抵抗这个恐惧的防御机制，防御着来自现实社会所带给他们的残酷。

不少青年人在踏入社会之前过着安逸舒适的日子，如今的青年人大部分是属于独生子女，在家中过着饭来张口衣来伸手的舒适生活。当他们踏入社会后，现实的社会让他们无所适从。就业、创业、婚姻、房贷、车贷、养儿、赡养老人等众多压力，时常超出了他们所能承受的范围。于是，一方面，他们开始通过装嫩显示自己似乎还年轻，还处于学习成长阶段，以弥补内心中的挫折感。另一方面，他们出现了"叹老"的现象，感叹社会生活压力让人身心俱老。

## 二、如何引导青年正确面对装嫩与叹老的矛盾心理

### （一）要引导青年扣好"扣子"，加强价值观培育

扣好"扣子"就是要用社会主义核心价值观教育引导青年，引导他们树立正确的世界观、人生观、价值观，使他们在面对种种现实社会中的压力时，能够采取积极的态度应对。加强青年价值观培育，正确看待装嫩和叹老心理，既不自以为是，也不妄自菲薄，既不矫揉造作，也不怨天尤人。

### （二）要引导青年撸起"袖子"，加强意志力磨炼

习近平总书记曾说过，"现在，青春是用来奋斗的；将来，青春是用来回忆的"，并号召青年要"撸起袖子加油干""及时当勉励，岁月不待人""只争朝夕，不负韶华"。"撸起袖子"既是品质，更是行动。要引导广大青年认识到"装嫩"和"叹老"都不能解决问题，唯有珍惜时间、把握机遇、脚踏实地，在社会实践中磨炼意志、砥砺品格、提高本领，才能找到自己的社会定位，让自己变得更加优秀。

### （三）要引导青年选对"鞋子"，加强方向性把握

俗话说，鞋子合不合脚，自己穿过才知道。青年阶段是人生的"拔节孕穗期"，在其一生的发展中至关重要。对于广大青年而言，正确的方向往往比盲目的努力更加重要。教育工作者要帮助青年选对"鞋子"，引导青年正确认识自己的需要、兴趣、性格和能力，正确认识社会的需要和国家发展大势；要把解决学生的思想问题与实际问题相结合，在关心人、帮助人中教育人、引导人，引导他们在学业、职业、婚恋等方面做出适合自己的选择，让他们走得更稳、跑得更远，找到人生出彩的舞台。

# 危机与考验：青年人的心理压力

2017年，一篇题为《"90后"，你的中年危机已经杀到》的文章在网上热传，文章称25岁是人生的分水岭，每个人在二十三四岁至二十六七岁之间的两三年突然开启加速模式，完成两种截然不同人生的转变。文章中"88年中年妇女""32岁老来得子""25岁步入中年"等字眼，似乎在告诉"90后"：你们已经"日渐衰老"，步入中年，似水年华再回不去了。同时，文章还对中年危机在工作、生活、情感等方面的一些实际表现进行分析，整体虽诙谐幽默、深入人心但也透漏出些许无奈。"中年危机"是心理学上的专业名词，指在男性40~65岁年龄阶段可能经历的事业、健康、家庭婚姻等各种关卡和危机。"90后"中年危机"是指"90后"群体提前体验本属于中年时期的经历。

### 一、青年心理压力产生的原因

（一）社会转型的不确定性加剧了青年心理压力

当代青年正处于百年未有之大变局的新时代，社会转型升级加快，社会矛盾突出，各种不确定、不稳定因素增多，"90后"青年充满焦虑。有"90后"网友面对小黄车CEO戴威曾发出感慨："同为'90后'，人家已经走上人生巅峰，我还在读大学"，从中可以一窥年轻人的心态。同时，社会上，失业、啃老等问题不断外显，击穿了传统所谓"三十而立"的甲胄。这些都似乎在暗示，在"财富前置"的时代，年轻不再是贫穷的理由；而年长也不意味着安稳与长久。另外，在如今快节奏、高压力的社会环境下，房价居高不下、物价不断上涨、高质量教育供给不足、老龄化社会带来沉重的养老压力以及"90后"面临的就业、婚恋、教育、育儿等外在的环境因素,都在不断强化"90后"的心理压力。

(二) 社会发展的不平衡性加剧了青年心理压力

社会发展的不平衡直接导致青年群体心理的不平衡。在这个机遇和挑战并存、诱惑与风险共生的时代,广大青年很容易看到有人一夜暴富、有人一夕成名、有人炫富、有人拼爹,在上行社会比较中容易产生相对剥夺感。这在满足炫耀者虚荣心的同时,也更加刺激了人们对于物质享受和金钱的崇拜。面对大环境的压力而感到焦虑的情况,并非"90后"这个群体特有,"80后利益性焦虑"与"90后中年危机",其实都是青年群体在理想与现实出现裂痕时,在心理上出现焦虑的一种社会现象。

**二、青年心理压力的应对策略**

(一) 青年群体应学会自我调适

人生是动态的、充满未知性的,在任何一个节点上或者任何一个年龄段,都存在着改变的可能性。面对大环境的压力,青年群体要树立"自己是心理健康的第一责任人"的意识,重塑生活自信和勇气,客观评价自身状态。须知,"90后中年危机"这个词本身就值得商榷。漫漫人生,每个年龄段都有相应的焦虑,焦虑从来就不关乎年龄的;是否中年,年龄也不是关键,更多时候只关乎心态。奋斗的路上,有焦虑是必然的,学会自我调适,掌握好真本领,才能与时代和谐共处。

(二) 家庭应重视心理健康教育

"家庭是人生的第一个课堂,父母是孩子的第一任老师"。在应试教育的背景下,家长陷入了一种学校跟社会理应为所有孩子成长出现的状况负责的潜意识里——家庭的责任就是出钱将孩子送各种辅导班,送给老师严加看管就行了。应及时纠正这一病态的社会心态,引导父母重视心理健康教育,从小开展生命教育,加强责任感、幸福感、挫折感教育,促进青少年身心全面发展。

(三)学校应建立有效的心理干预机制

高校要为广大青年提供菜单式、多元化心理咨询服务,开设心理健康教育课程,把心理育人与思想育人、资助育人、服务育人、文化育人、实践育人、网络育人等相结合,重点关注特殊青年群体的心理健康,特别是要关注人格特质较为敏感、焦虑和抑郁类青年大学生,宿舍关系长期不好的青年学生以及来自单亲、离异、留守家庭青年学生的心理健康,及时做好特殊青年群体学生的心理疏导工作,做到"一人一策",做好家校协同合作,协同做好咨询、干预、转介等工作,筑牢青年学生的心理安全防线。

# "90后"负债:我们的钱去哪了?

据汇丰银行、海尔消费金融、融360的2019年统计数据显示,90后群体负债率高达1850%,在消费贷款群体中占比达43.48%。90后负债总额接近22万亿元,也就是说,90后人均负债12.79万元。2018年,中国"90后"短期消费贷款超过3万亿,约占2018年短期贷款总规模三分之一。

## 一、"90后"的消费表现

代际分化是转型期中国绕不过去的话题,尤其是在今天被加速分化、分层的社会大环境下,不同年代出生人群间的潜在缝隙不断被拉大,差异日趋明显。相比70后、80后的保守消费,"90后"的消费表现和理念更加偏向多元化。

### （一）注重"吃"的体验

在餐饮上"90后"的偏好可以概述为以下2点。一是注重个性化和创意特色、饮食偏好多变。在饮食种类上，"90后"也更加趋向多元化选择，火锅、日料、西餐等都成为"90后"热衷的饮食。二是注重自身体验。"90后"有很强的自我观念和自主意识，对口味、环境、服务等都有自己的独到偏好，注重亲身体验。

### （二）注重"穿"的品位

对于服装的追求，新一代"90后"偏好标新立异的风格。他们注重突出自我，追求品牌个性，譬如偏向简约风的衬衫、T恤上印有网络流行语的文字，彰显独特品位。

### （三）注重"住"的品质

"90后"在租房、买房方面所表现出来的特质是宁愿付租金，不愿做房奴。据58同城房产研究中心调查显示："90后"应届毕业生最关心的问题是舒适的居住环境，租金、交通和室友等影响因素均位于舒适的居住环境之后。

### （四）注重"行"的舒适

"90后"逐渐成为汽车消费的主力军，他们对汽车有着独特的审美追求和偏好，品牌意识强，德系车似乎普遍较受欢迎，在出行选择和汽车消费也具有较强的务实性，偏爱租车、滴滴打车等出行服务。

### （五）注重"游"的享受

"世界那么大，我想去看看"。生活环境相对优越的"90后"，除了对生活品质有要求，也注重精神世界的探索。"'90后'社会行为研究调查"显示：旅游的"90后"消费人数高达85.6%。据携程网统计：出行次数方面，"90后"平均一年出游的次数为4.2次。"90后"乐于接触新鲜事物，并不过于看重那些酒店、服务、出行方式等等，而是更愿意体会那种"在路上"的乐趣和切身体验。

## 二、"90后"负债的原因分析

### （一）"伪精致"为消费需求找寻理由

伪精致特指青年开始以物质为衡量标准，用"精致"的生活来证明自己的价值；用肉疼的消费，来表彰自己努力生活的一种社会现象。光鲜的表象下，是把物质和外表变成了生活好坏的标尺。在《消费社会》一书中，让·鲍德里亚指出，人们购买物品不只是"当作工具来使用"，同时也是"当作舒适和优越等要素来耍弄"。明明可以用普通吹风机，一定要用戴森；下午茶一定要是喜茶、丧茶，否则就显得没有格调；明明还是学生党，TF、Dior各种大牌用起来毫不手软。"伪精致"需要的不是物质本身，需要的是被关注、被羡慕时那一刻的虚荣。

### （二）方便经济提供了更为便捷的消费渠道

随着互联网和现代信息技术的不断发展，人们的饮食、服装等消费习惯发生了翻天覆地的变化。曾经在宿舍饿了不想下楼，解决途径无非是方便面或者舍友帮带，但如今，打开外卖软件，挑挑选选、领个红包、指纹支付，简简单单三步走，45分钟外卖我就有。曾经想买衣服，要花时间、耗体力、费精力去逛街，但如今打开各大电商平台，无论国内的、国外的，无论平价的、奢侈的，通通加入购物车，只等你一键付款。快递、跑腿、代购，各种为了方便人们消费的行业都在不断兴起。当足不出户，就能买到心爱之物；当没有现金，也能付款买单，消费就成为自然而然，无需理由的一件事。

### （三）借贷平台的便捷成为不可忽视的诱因

为了迎合青年群体的消费习惯，为了缓解新生消费群体囊中羞涩的紧迫感，各种网贷平台如雨后春笋。而与银行审查严格、审批周期长等特点不同，这些新型的网贷平台都有着认证便捷、取用灵活等特点。如使用较多、较为规范的蚂蚁花呗、蚂蚁借呗、京东校园白条。只需身份证验证就能给予几百到上万数额不等的借贷额度。这些平台的出现，极大地刺激了青年群体的消费欲望。近年来，一些不良网络平台缺乏监管，诱使青年深陷裸贷、套路贷，成为"90后"负债的重要诱因。

## "校园贷"：陷阱还是馅饼？

2016年10月25日，新浪网发布一则标题"大学生欠百万高利贷自杀未遂，父亲店铺被搬空"的新闻。某高校大二学生小乐因赌博输钱，被迫卷入网贷平台参与资金借贷，因此欠下一笔巨债，其父经营的卫浴店因此被债主搬空抵债。这几年，大学生参与各类网络借贷问题层出不穷，有的学生陷入"高利贷"陷阱无法自拔，不仅严重影响学生的家庭经济和学业，也严重影响到学生的心理健康，影响到学校的安全稳定。

### 一、不良"校园贷"的表现类型

从各类"校园贷"新闻事件中我们可以看出，目前的"校园贷"主要有以下三种类型。

一是盗用身份，张冠李"贷"。2016年3月9日，河南某高校2014级学生郑某因迷恋赌球，利用28名同学的身份信息，通过网络平台从十几家贷款公司贷款58.95万元，后因经济压力巨大，无力偿还巨额贷款，最终选择跳楼自杀。

二是兼职诱惑，陷阱借贷。2016年5月，河北邢台某高校有人以做兼职刷单为由让学生注册"校园贷"办理贷款获得返现，后来该人失联，致使邢台多所高校学生受骗，涉及贷款金额近百万元。

三是裸照威胁，被迫还贷。2016年6月，"校园贷"曝出"裸条"

借贷,女大学生通过网络借贷平台借贷宝,被要求"裸持"(以手持身份证的裸照为抵押)进行借款,如果逾期无法准时还款则会被威胁公布裸照给家人或朋友。

## 二、不良"校园贷"的成因分析

(一)主要原因:利用监管漏洞,迎合学生需求

"校园贷"现象在高校野蛮生长,一方面是犯罪分子把握住了大学生的消费需求。大学生正处于消费的旺盛期,一些女大学生,在化妆品、护肤品、服装、旅游等方面的消费需求明显,这些消费都需要花费不少的钱。而大学生的收入基本都需要靠家庭支持,为数不多的生活费无法满足部分学生的消费愿望。因此,门槛较低的"借贷""赚钱"的机会,对大学生而言确实是一个解决经济困难的诱惑。另一方面,网络平台监管的滞后和被动。网络"校园贷"的运营程序没有实体金融机构规范,用户的使用和借贷门槛低,处在法律监管的灰色地带,一些借贷公司的借贷政策存在欺诈性,借贷条件涉及人生威胁、隐私泄露等问题。

(二)主观原因:学生涉世不深,风险防范不足

大学生正处于青春末期,虽正在接受高等教育,但不少大学生存在理想自我和现实自我的冲突,理论学习和行为实践的冲突。大学生普遍社会经验欠缺,心理世界较为单纯,面对新鲜事物——"校园贷"的诱惑,他们借贷和消费的自我管控能力不足,缺乏必要的风险防范和自我保护意识。

(三)重要原因:安全教育缺位,校园监管不力

"校园贷"是直接影响校园稳定和学生安全的网络安全问题,反映出高校在学生网络媒介素养教育、经济安全教育、网络风险防范与化解等方面的教育仍然较为薄弱。一些学校对校园内存在的"校园贷"广

告、渠道等，采取的整治措施不彻底，对"校园贷"乱象的监管不够到位。

### 三、不良"校园贷"的解决对策

**（一）主管部门：强化法治思维，加强网贷平台治理**

立法部门要加快制定涉及"校园贷""网络贷"等方面的法律法规，确保网贷平台整治有法可依；公安、网信、宣传、教育等各级行政和监管部门要依法严惩不良"校园贷"乱象，坚决取缔各类违法违规的网络借贷平台，做到有法必依、执法必严、违法必究，营造风清气正的网络生态环境。

**（二）高等学校：强化教育思维，加大安全引导力度**

高等学校要把不良"校园贷"整治纳入校园治理体系工作当中，开设网络安全教育课程，通过易班、官方微博、微信公众号、抖音和学生交流群等平台发布"校园贷"预警信息，推送安全防范知识。辅导员要充分利用班会、集会等线下教育渠道引导学生增强网络安全意识和风险防范能力，引导学生树立正确的消费观，及时发现并纠正学生超前消费、过度消费等错误消费观念和行为，针对问题严重的学生进行教育。各门学科教学教师要通过课堂教学融入网络安全教育知识，引导学生正确辨别"校园贷"等网络乱象，增强自我保护的意识和能力。

**（三）高校学生：强化底线思维，增强风险防范能力**

大学生是不良"校园贷"的第一受害人，也是防范不良"校园贷"的第一责任人。因此，大学生要切实增强自我防范意识，自觉抵制不良"校园贷"，敢于揭发各种违法违规的网络借贷平台，如果受到伤害要第一时间向辅导员和学校报告情况，寻求法律援助。此外，大学生还要树立正确的消费观，学会合理消费、量入为出，不攀比、不盲从，做一名理性消费的大学生；要学会自我保护，特别是对于个人基本信息和隐私的保护,切实做到安全用网、安全触网。

## "伪精致":被"仪式感"绑架的青年

  2019年3月,朋友圈被星巴克一款网红"猫爪杯"刷屏,199元的杯子甚至被炒到了1200元。有媒体报道,为了抢夺"猫爪杯",有人在店面直接大打出手。这些为追求精致却洋相百出、每天吃喝玩乐但实际上并不富裕的行为被媒体称为"伪精致",引发网友热议。

  现在的年轻人,常常奉行"不将就"的原则。因此,在消费不断升级的背景下,"精致主义"这样一个新名词诞生。"精致主义"用来形容以"90后"为代表的青年对产品和服务的外在和内在价值的精致追求,体现了一种追求美好的消费潮流,这一现象是当代我国物质生活水平提升的表现,本不必苛责。但"伪精致"之所以"伪",就在于追求表面化的、与自身消费能力不相适应的产品和服务。最近流行的词"隐形贫困人口",生动形象地描述出"伪精致"人表现的样子:看起来每天有吃有喝有玩,但实际上非常穷。

### 一、"伪精致"的表现

(一)煞费苦心的仪式感

  情人节、圣诞节,但凡是个节日,都必须追求节日的仪式感。各种节日定制礼品、被赋予重要意义的纪念版套装、包装精美的限量版商品,都是他们煞费苦心的追求。而商家为了迎合消费的追求,将这一切都打上"仪式感"的标签,令"伪精致主义者"趋之若鹜,不觉间卷入了消费陷阱中。

(二)半糖主义

  "喜茶""丧茶""一点点""答案茶""瑞幸"……各种奶茶咖啡

成为"伪精致主义者"最爱晒的高颜值食物,价格不菲的奶茶咖啡并没有阻挡年轻人的消费热情,反而成为他们彰显品味的一种手段。吃个水果都要用APP估算卡路里的"伪精致主义者",却沉浸在"半糖""少糖"的奶茶咖啡中,着实令人费解。

(三)精致妆容与脏乱房间

"伪精致主义者"坚信:人都是活给别人看的,精心打造出来的美好,不是为了享受生活本身,而是为了引起别人注意那一刻的炫耀和虚荣。因此,这类人非常在乎自己在别人眼里的形象,过于看重面子,而忽略了里子,生活在"美颜滤镜"中无法自拔。

## 二、"伪精致"的成因

(一)消费主义陷阱

青年群体思维活跃,喜欢追逐新鲜事物,有着物质消费的强烈动机,对美好生活充满遐想。商家、媒体等戳心广告语传达着"物质至上"的消费观念,奢侈品被不断吹捧和追逐,青年陷入消费主义陷阱。

(二)精神上的空虚

青年群体对物质欲望的极大追求,是对精神生活本身的清空,客观上限制了他们的自由选择能力,精神生活显得苍白无力,无所适从,唯有以"精致"的生活证明自我价值,以"肉疼"的消费作为努力生活的勋章。

(三)不自信与"丧"的属性

"丧"是部分青年群体的生活状态,逃避现实、否定当下,靠外在的华丽撑起强大的内心。"伪精致主义者"其实是一种不自信的生活状态,希望通过精致的外在来填补自卑的心理,从而满足虚荣心。

### 三、"伪精致"的危害

（一）迷失自我

一个人只有真正认清自己、了解自己，知道自己想要什么，适合什么，才能悦纳自己，做真实的自己。追求美好生活本无可厚非，实现跨越式消费也是个人权利，但如果将"精致"肤浅的定义为外在的生活，在社交软件裹挟下做着"假面表演"，那么只会迷失内心、迷失自我。

（二）消费透支

近年来层出不求的"校园贷"事件从侧面说明，青年群体的消费观念过于超前，部分青年因缺乏信用认知或因消费欲望膨胀，踩入不良网络高利贷的泥沼。少数人因无力偿还"滚雪球式增长"的借款而遭要挟，甚至只能通过自杀以逃离噩梦。不计后果的超前消费、透支消费，其实是披着"消费主义"外套的人生陷阱，是对未来梦想的过早透支。

### 四、对策建议

（一）拒绝小诱惑，才有大收益

网贷平台总是打出"花明天的钱，圆今天的梦"这样的口号，然而无力偿还的青年走入深渊的例子数不胜数，裸条借贷、暴力催收、欺骗亲友等等，这是青春无法承受之重。人生的欲望何其之多，拒绝小诱惑，合理管控内心欲望，科学理性消费，生活不会因为少了虚荣的买买买而失去原有的精彩，相反，会因为自律自控而获得更大的收益。

（二）懂得"断舍离"，更能有所得

"人类一直在获得和放手的循环往复中螺旋式前进。断舍离是一种从扔东西开始的训练，让你觉察自己的欲望是过头还是不足。"掌握

"断舍离"的方法，量力而行，可以买喜欢的物品，但要脱离对物品的执念。少关注物品，多关注自己，明白自己真正需要的是什么，断绝一切想冲动买下却根本用不上的物品，不被物质绑架，放开执念。

（三）看轻身外物，转换安全感

精致的生活理应是发于心、溢于行，是自然而然的精致，而不是精心摆弄的精致造型、精美妆容，也绝不是虚伪、跟风、迎合别人的眼光。青年群体，切莫被"伪精致"光彩琉璃的外表所迷惑，应该看轻身外物，关注内在，注重从精神层面丰富自己，寻找由内而外的安全感。

# 警惕新型"特困生"

2018年"世界睡眠日"的主题为"规律作息，健康睡眠"。对于"90后""95后"熬夜成疾的现象，媒体也进行了解读，将晚上不睡觉、早上起不来、白天精神不振、夜晚精力充沛的学生描述为新型"特困生"，意指睡不着、睡不够、睡不好的"特别犯困的学生"。毫无疑问，"特困生"除了黑白颠倒影响作息，也会破坏宿舍关系，更会导致一代年轻人的健康被拖垮。

## 一、高校"特困生"特点

（一）大学四年"晚睡晚起"现象加剧

在2017年艾瑞咨询发布的一份针对5268名学生展开的调查显示，2016级学生中，早上6~7点起床的比例是45.8%。随着入学年份的提前，这一占比依次递减：2015级为35.5%、2014级为22.1%、2013级仅有21%。同样，大一学生中习惯12点前睡觉的占比约一半，而到了大四则只剩下大约三成;而凌晨 1~2 点上床入睡的学生比例,则从大一时的 10% 左右飙升至 31.7%。

## (二) 半数以上存在"习惯性熬夜"

《中国青年报》2017 年 9 月发布的《大学生校园生活调查报告》(生活作息部分)显示,27% 的学生基本天天熬夜,30% 的学生经常熬夜。一方面,是当代青年学业科研压力较大、课业任务较重,经常需要通过熬夜备考、赶论文、赶项目等,才能如期完成任务。另一方面,大部分青年精力较为旺盛,部分青年存在一些青春成长的烦恼,经常夜晚难以入眠。

## (三) 被动起床诉苦"睡不够"

知萌咨询机构创始人肖明超在解读《大学生睡眠质量调查报告》(2017)时指出,"90 后"睡眠时间平均值为 7.5 小时,最短仅仅 4 个小时,68% 的年轻人表示每天根本"睡不够"。同时,31.1% 的学生属于猫头鹰型(晚睡晚起型)作息习惯,30.9% 的被访者属于蜂鸟型作息(晚睡早起型),能保持早睡早起云雀型作息的学生只占比 17.5%。此外,70% 的学生被动起床,且其中一半人群选择继续赖床,被称为"被吸盘吸床上"的一代。

## (四) 互联网新兴职业睡眠质量最差

《2018 中国睡眠指数报告》调查显示,互联网行业学生、实习生和从业者睡眠质量普遍较低。设计师、自媒体人以及程序员等青年群体或从业人群大多处于"不眠"区域内。同样,金融业、服务业、政府机构的毕业生睡眠质量不佳,无规律的工作时间以及巨大的工作量严重影响睡眠。

## 二、"特困生"产生原因分析

### (一) 社交媒体依赖症

夜深人静之时,青年总习惯性拿起手机,看到消息提示的"小红点"就忍不住点进去一探究竟。先看看是否有新留言,再刷刷微信朋友圈和微博热门话题,顺手点几个赞。如果遇到值得分享的事情,则必须花一段时间精心编辑内容、修改文字、P图,并特意关注点赞和评论的状况。同样,在睡前频繁刷社交软件,手机和平板的 LED 屏幕将发出干扰"褪黑素"(一种帮助入眠的激素)的蓝光,不利于提升睡眠质量。

### (二) 大数据算法推送成"盗梦者"

大数据技术能够通过收集数据,进行用户画像,进行精准匹配特征,进而根据青年用户的个性、性别、兴趣爱好、阅读习惯进行内容的精确推送。时下各种手机 App 通过各类方式获取自动推送权限,而根据浏览痕迹、阅读时长、喜好习惯所推送的内容看似是不经意的"猜你喜欢",但实际则是"投其所好",让人流连其中无法自拔。

### (三) "晚睡强迫症"的价值倡导

舆论场上,很多人以睡得早、睡得好为耻,以睡得迟、睡不好为荣。在其看来,"睡眠障碍"是现代人的通病,"早睡早起"反而代表着一种落后的、原始的生活方式,与丰富多彩的夜生活格格不入。如果在白天已将多数时间投入学习、加班中,唯有夜晚时间能够自由掌控,必须大加利用纵情娱乐。

### (四) "熬夜修仙"的宿舍氛围

高校中的宿舍关系极其敏感,舍友之间也可能因为作息规律经历一个磨合期。当早睡早起者早早上床时,舍友却在噼里啪啦打游戏、追剧、夜聊，或者与男/女朋友视频，无疑将干扰睡眠。在这样的宿舍氛围中，早睡者反而会被舍友认为不合群，也会被视作异类，久而久之，要么集体开始早睡养身，要么则可能会被"同化"成为"熬夜修仙党"。

（五）压力传递加深睡眠障碍

现在社会竞争激烈，学习、生活和工作节奏加快，也会将压力传导到高校学生中。临近期末考试周，大学生为了"临时抱佛脚"熬夜突击复习、通宵达旦备考已成常态，为了考证、写论文而熬夜学习思考更是司空见惯。加入社团或担任学生干部，熬夜写策划、拉赞助、画海报、邀请嘉宾、举办晚会、编辑公众号等已是家常便饭。走上实习岗位后，用人单位如果推崇加班文化，职场小白也只能"被生活推着走"，跟上用人单位的节奏。

### 三、高校新型"特困生"治理对策

（一）引入睡眠障碍心理咨询教师

当前国内睡眠咨询师的执业资质的规范尚未建立，高校作为人才培养的重要场所理应建立职业评定规范，引入心理学专业、工作经历丰富的专职心理教师，针对学生晚睡晚起、睡眠质量不佳等睡眠障碍问题展开及时的心理干预，积极提升高校学生睡眠质量。

（二）试行"民主熄灯"断电制度

充分尊重学生意愿，为"熄灯"政策设置一个缓冲期。高校可发布倡议书，组织各班开展以"自律"为主题的班会活动，让学生认识到晚睡伤害身体，熬夜荒废青春的危害。同时，将"熄灯权"下放给学生，倡导宿舍在23：00前可根据情况自主熄灯。

（三）开设"睡眠教育"公共选修课

高校可考虑将睡眠教育纳入公选课课程中，也将睡眠造成的体质情况纳入每天的体育测试项目中，对其进行跟踪监测。同时，邀请社会团体、专业医生入校科普睡眠知识，在专业医师的带领下进行呼吸放松训练和正念训练，并通过游戏互动向学生传授辅助入睡的方法，传递科学睡眠的新观念。

## 高校学生"体质断层"如何愈合？

2018年9月，浙江大学对2018级起的本科生体育实行课改，引发全网关注，不仅#浙大强制跑步#登上话题热搜榜前5位，而且舆情声浪指数高达13766，可谓赚足了眼球。课改后的浙大本科体育教学将由课内体育、课外体育两部分构成，每学期36课时的体育课提升至54课时，每天下午原本用于其他课程的"第十节课"，统一安排为体育活动时间。

### 一、高校智斗"体质断层"

浙江大学对体育课如此前所未有地重视，其根本原因就在于高校学生中的"体质断层"已经成为不容忽视的隐忧。2018年8月底发布的《中国儿童青少年体育健身指数评估报告（2017）》，青少年体育健身效果随年级的提高存在明显的"逆减现象"，在健身意识、技能与体质健康水平之间也存在着明显的"倒挂"。

触目惊心的数字背后，存在一种值得警惕的现象——"体质断层"，意即青年从中学进入大学阶段后，其身体的体质健康状况呈现下滑趋势，甚至在爆发力、耐力、力量素质等多项检测中，同一个人在大学阶段的表现反而不如中学阶段，呈现出典型的"断崖式"下跌趋势。

为了缓解这种在高校中出现的"体质断层"，各高校也出台了诸多措施，试图增强学生的身体素质。清华大学自20世纪80年代就打出了

"争取为祖国健康工作50年"的口号,武汉大学本科生需通过App打卡的方式核算环校跑里程;北京建筑大学在指定区域设置"刷脸机",需逐一通过才能视为完成锻炼;中山大学给每位学生的校园卡充值500元"运动专款";郑州大学则以"跑步打卡换早餐"的形式鼓励学生早睡早起勤锻炼。

**二、高校学生出现"体质断层"的原因**

一是"考试指挥棒"的功利导向。长期以来,追求高升学率的竞争环境让学校与家长唯考试、唯分数马首是瞻。在部分中考、高考大省,学生未必真正热爱运动锻炼,仅仅只是因为"加试体育"会被计入考试成绩,成为拉开排名差距的量化指标,故而其才"稍稍动一动"。当其进入大学后,由于缺乏考试达标的硬性规定,部分自身健康意识与健康观念淡薄的学生则习惯于懒散度日,缺乏运动的动力。

二是"互联网+生活"暗藏隐患。滴滴打车、美团外卖、饿了么跑腿等业务,让越来越多的菜肴、零食、饮料通过外卖App直接送达校园。饭点期间,学生们请舍友帮忙打包、等候外卖员送餐,甚至是从宿舍垂挂吊篮取餐已经不足为奇。快递多了、外卖多了、网游多了,就会让高校学生热衷于"葛优瘫",甘愿在宿舍里做"快乐肥宅""居里夫人"。

三是运动观教育长期缺位。部分高校学生从小到大都未接受过系统的健康教育,没有掌握正确的体育锻炼方法、技巧,更遑论体育认识、体育情感、体育意志等教育内容,自然难言对体育运动产生积极的感受和评价。由于对体育知识存在局限认识,加之惰性、意志力不强等因素,高校学生对参加体育运动的价值认识不够、积极性不高,自觉性和主动性较弱,没有形成正确的运动观。

四是娱乐取向发生转变。进入新媒体时代以来,各类电子娱乐产品进入高校学生的生活,网络游戏、手机聊天、社交媒体、网络视频等娱乐方式花样百出，也占据了学生大量的课余时间。这种娱乐休闲方式导致学生逐渐失去对现实世界的兴趣，转而沉溺于虚拟网络中进行社交，并在上网、玩手机或打游戏中失去了对大自然、运动场的亲近感。

五是体育教改乏善可陈。尽管近年来部分高校对体育教学改革做出尝试，但总体而言却并未打破传统体育教育的弊端——部分教师对终身体育的思想认识尚存在不足、对学生的内在需求了解不够、学校的体育设施器材的有偿使用、体育教师太少很难正常开展体育教学等核心问题均未能很好解决。此外，尽管部分高校尝试了"黑科技"方法促进锻炼，但"请人代跑""软件破解"等手段也在学生中广泛流传，导致体育课改的效果未能尽如人意。

### 三、高校破解学生"体质断层"的对策

一是丰富校内运动资源。高校要为学生配好配足运动场地、运动设施，将校内的运动资源免费向本校学生开放使用。

二是重启考试"强制思维"。从强制运动入手，适当增加体育课时，将体育成绩作为奖学金评定、评优评先和校内荣誉称号申请的必要条件。

三是尝试使用新媒体监督。利用跑步"打卡"App、"刷脸神器""指纹定向越野"等方式，推广线上虚拟竞技比拼。

四是发挥校内社团作用。依托学生社团建立体育俱乐部，发挥体育兴趣小组作用，进行社团、学院、班级之间多层次的竞赛和联谊活动。

五是优化体育教学设计。推动高校体育教学、训练、竞赛、体育活动"四位一体"改革，设计更为新颖有趣、调动热情的体育课教学内容。

# 战"疫"中的中国青年"百态"

2020年年初，新型冠状病毒感染的肺炎疫情牵动人心，疫情防控处于关键时期，各地纷纷出台封闭管理、延时复工复学等疫情防控措施，最大程度阻止疫情的扩散蔓延。话题#小区封闭管理##教育部通知延期开学##各地复工复课时间表#等登上微博热搜，成为大众关注焦点。在此特殊时期，青年群体以各自特有的方式参与这场"战役"，展现着青年特有的姿态。

**一、从网上舆论看疫情下大学生"百态"**

（一）花样劝导队：恐慌情绪下的责任觉醒

大学生积极响应主流舆论场号召，线上线下联动，呼吁民众加强防护、普及科学防护知识。一是裹挟焦虑强势入场的"前哨人"。以"95后"为代表的青年成为此次疫情的首批焦虑人群。青年学生在网上搜索、讨论相关话题，号召网友戴口罩、少出门、隔空拜年。二是家庭关系中"角色逆转"的"主心骨"。面对疫情，大学生"被迫"承担起守护家庭的责任。新浪微博#怎么劝说父母戴口罩#相关话题阅读量均破亿；而大学生在"知识反哺"过程中逐渐学会磨合代际矛盾，重塑家庭观、责任感。三是焦灼舆论场中理性客观的"宣传员"。疫情之初，在全国舆论混乱焦灼的情况下，全国高校率先发声，频繁密集发布相关科普、防疫信息，学生自发响应，传递党和国家的声音。

（二）青年突击队：热血青春下的责任担当

大学生在此次疫情中投身一线、参与一线，得到全国舆论点赞，高校成抗疫阻击战中的重要力量。一是稚嫩的"最美逆行者"。微信公众号"仁能达生涯"统计,医学院校参与抗击疫情的人数达 7924 人,"00 后"大学生带着 2000 斤蔬菜驰援荆州;看剧、追星、自拍的大学生褪下稚气,勇往直前地走在疫情战斗的前线。二是坚实的"家园保卫者"。全国各地大学生冲锋在前,主动参与社区管理、疫情防控等工作,人民日报刊文《那些一直被保护的 95 后大学生一夜间突然长大》。三是温暖的"心灵急救者"。多所高校开通心理咨询辅导热线,北京师范大学面向全国民众开通疫情心理支持服务,南京师范大学上线"心理援助"公开课程。

(三)抗疫啦啦队:磅礴向上的青春声量

大学生用自己特有的方式战"疫",为一线人员加油鼓劲。一是云端喊麦群。多所高校联动话题#手写加油接力##武汉加油#等登上热搜,大学生在"应援"中构建了政治认同。二是抗疫合唱团。燕京理工学院大学生创作《武汉别哭》;清华学子创作《白衣城墙》,青海大学生创作《有你》,用歌声为战疫加油。三是才艺技术流。武汉高校大学生原创系列绘画向"逆行者"致敬,杭州电子科大创作《疫期——赫姐时间》系列节目;中国传媒大学自制短视频《遥远心一片》为武汉加油。

(四)宅家后援团:乐观正气的精神疗愈

大学生群体在疫情期间乐观积极,传递青春正能量。一是惜命段子手。大学生自觉宅家并进行自我调侃,自创各类"防疫体"段子,以轻松幽默的方式化解紧张情绪。二是新潮大玩家。从家庭版套圈到床单被罩版舞龙舞狮,从"立扫把挑战"到自创"宅运动",大学生用乐观向上的方式,给生活加"料"。三是中华小当家。大连科技学院开展"食来'疫'去"厨艺征集活动;天津大学把《厨艺实践与提升》引入第二课堂,厨房成为青年学生宣泄焦虑,重拾生活秩序的精神疗愈场所。

## 二、从舆论场看疫情中大学生暴露的问题

**(一) 长期"宅家"导致生活失衡,折射出青年恐慌**

一是健康恐慌。据各高校心理咨询中心数据显示,大学生不同程度存在对疫情的担忧、恐慌,甚至产生主观症状,而采取过度防护措施。二是信息恐慌。大学生信息接触体量大、来源广,对信息的敏感度高、成熟度低,无法科学正视疫情的复杂性和变化性,甚至反应过度影响正常生活。三是社交恐慌。长期无法进行线下社交活动,部分学生出现沉迷线上社交、过分依赖电子信息等不良情况。

**(二) 现实困难持续累加,学生抵触情绪时有爆发**

一是"停课不停学"频频"翻车",引发青年学生"群嘲"。2月17日网课伊始,课堂派、中国大学生MOOC等多款线上学习软件陆续崩溃,部分学生戏称"学习不通""学堂不在线",叠加前期话题热度,网络上"吐槽""担忧"声量频现。二是"表格抗疫""作秀留痕"等导致学生反感。长沙理工大学强制学生参与竞赛作品征集;部分高校动员学生参与志愿服务工作,搜集照片、视频等素材,甚至私下要求"摆拍"等吐槽时有爆料。三是持续推迟开学,引发"毕业族"焦虑情绪。岗位需求骤减,学生就业困难;高校选择延迟答辩,毕业实习,但后续政策模糊;多所高校试水线上复试,但政策解读、公平公正等问题引发大学生网民质疑。

**(三) 一分为二正义感的伪装下,精致利己的"双标党"仍存**

一方面,一本正经地呼吁众志成城,希望他人付诸行动,做出担当与牺牲。如一些大学生在新浪"超话"、明星微博下呼吁捐款;邓超孙俪夫妇因为低调捐款30万反被骂上了热搜。另一方面,面对个人利益受损,营造"弱势群体"的身份,甚至炮制舆论攻击教育体制。如武汉高校宿舍被征用,学生舆论反弹强烈,相关话题阅读量达10亿,质

疑追问"为何不征用酒店""如何赔偿损失""不尊重人权物权",甚至揶揄防疫大策。殊不知我国现行法律规定,基于公共利益的需要和传染病疫情控制的需要,政府有权临时征用房屋用以防控疫情。

(四)对社会治理体系认知缺乏,部分"巨婴"大学生现形

一是要求政府是一个"理想化父亲"的不成熟取态。持该取态的学生要求一个万能的、超强的、完美的、承担一切的大政府,一个可以解决一切的"父母官"。如部分学生理想化认为"学校应解决复课期间所有的口罩供应""网课崩溃是校方无能"。二是频繁"找茬"要求有人为负面事件负责。从疫情发生到现在,"问责""严查"成高频热词,如对李文亮去世的各种质问;又如在武汉高校宿舍被征用时,许多学生评论"校长下课""道歉"。

(五)长时间安处舒适环境,青年不良思想抬头

一是网络依赖症。居家隔离、全民网课使得网络成为塑造学生社会精神、价值格局的支配性力量。而虚拟空间的高自由度、低约束度易诱发网络依赖。二是道德冷漠症。部分学生在疫情中表现出"事不关己"的"吃瓜心态";个别大学生对疫情期间给予的资助毫不感恩,甚至埋怨数额少、发放迟。三是娱乐至死症。游戏产业因宅而火,在线视频收视长虹,网红经济出现井喷。家庭环境过于安逸,假期不断延长,因网课引发的话题#学校的便宜一点都别想占#登上热搜。

### 三、对策建议

(一)加强对高校大学生思想引领的着力点

1. 强化以制度伟力厚植爱国情怀的国家观教育

一是因事而化,厚植爱国情。用中国速度、中国力量、中国担当的制度优势引导学生树立信心、坚定信念,深化政治认同,坚定"四个自信"。二是因时而进,砥砺强国志。用医护人员、警务人员、党员干

部坚守一线的鲜活事迹引导学生凝结向上向善、忠于人民的强国力量。三是因势而新,实践报国行。用政策教育、公德教育引导学生统一思想、凝聚共识,将疫情期间的艰苦环境作为磨炼自身的机遇,将担当意识落实为齐心"战疫"的报国行动。

2. 强化以投身一线圆梦伟大复兴的职业观教育

一是引导学生树立高尚的职业理想。引导学生深入思考马克思关于"选择了最能为人类福利而劳动的职业"的论述,培养学生勇于肩负时代重任的信心和勇气,到国家最需要的地方去服务奉献、建功立业,把自己的职业理想同祖国的需要对接起来。二是引导学生培养良好的职业道德。以疫情中各行各业奉献者的事迹,让学生认识到每一个职业岗位都是报效国家、建功立业的舞台,摒弃求职功利心、攀比心。三是引导学生全面提升职业能力。将钟南山、李兰娟、张文宏等的专业精神转化为激励学生提升自我的内生动力,在伟大复兴的中国梦中验证自己的价值。

3. 强化以敬畏之心感悟命运相连的生命观教育

一是珍惜生命。贯彻习近平总书记"每个人是自己健康第一责任人"理念,引导学生加强体育锻炼、重视公共卫生,提升身体素质。二是守护生命。讲述"人与自然是个生命共同体"的和谐共处之道,引导学生增强生态文明和环境保护意识,自觉保护野生动物。三是敬畏生命。以"最美逆行者"的大爱精神、牺牲精神和奉献精神作生动教材,引导学生理解生命的真谛。

4. 强化以英雄脊梁振奋凝聚人心的偶像观教育

一是引导学生树立崇尚实干兴邦、乐于奉献的"偶像观"。引导学生意识到"偶像"指向的是他们所代表的科学精神、奉献精神、道德水平与社会责任,而非娱乐化。二是引导年轻人向抗疫中涌现出的"新偶像"学习。引导学生通过"战疫"意识到,偶像就在身边,在我们需要的地方。动员学生积极为疫情中的国士无双、白衣天使、蓝衣卫士等英雄标杆点赞，从他们身上吸取精神养料，净化自身，完善自我。

5. 强化以实干力行擦亮青春底色的奋斗观教育

一是"立鸿鹄志"。引导学生在抗击疫情阻击战中与祖国同命运，与人民共患难，立志成为国家未来的中坚力量，用理想点亮奋斗之灯。二是"练真本领"。引导学生在疫情这场"大课"中磨炼毅力、砥砺心智、增长才干，用勤学苦读夯实奋斗之基。三是"做实干家"。引导学生知行合一，在疫情中坚守，尽责，担当，用笃实筑牢奋斗之本。

6. 强化以科学明辨　强化媒介素养的网络观教育

一是明辨是非，粉碎涉"疫"谣言。引导学生尊重科学、守护常识，理性获取、理解、分析、甄别、利用网络信息，杜绝"信息疫情"。二是遵纪守法，增强传播责任。引导大学生依法上网、文明上网，增强网络道德、个人隐私保护、网络安全与风险意识。

7. 强化以共克时艰践行群众路线的人民观教育

一是引导学生深刻理解人民群众是这场战斗的主体力量。打赢疫情防控阻击战必须依靠群众、相信群众、发动群众，每个人都是疫情防控链条上不可或缺的重要一环，无论是在前线奋战，还是在后方保障，都是在为抗击疫情做贡献。二是引导学生在"人民战争"中汲取智慧，向人民群众学习。深刻领会疫情中群众展现并贡献的人力资源、物质资源、技术资源、智力资源、精神资源等，向人民学习，向基层学习。

(二) 加强对高校大学生思想引领的落脚点

一是牢牢掌握舆论宣传的主动权。学习贯彻习近平总书记重要指示精神，让党旗在"战疫"宣传一线高高飘扬。坚持"三个有利于"的标准，积极回应学生多元信息需求，深入挖掘鲜活生动的"战疫"素材，着力打造学生喜闻乐见的传播方式，变高势位灌输为嵌入性表达，为宣传"七个观"找准切入点、落脚点。分专题、有节奏、成系统的做好大学生思想引领，全方位、多层次、可持续地向学生释放"战疫"

正能量。

二是全力夯实"第一课堂"的主阵地。相关部门应准确把握党中央关于疫情防控的决策部署,深入研究思想政治工作规律,充分把握新形势、分析新学情、瞄准新问题、运用新技术、推进新举措,结合本地本校优势特色,分层分类做好课程设计,群策群力激活学生学内生动力,将"七个观"的教育嵌入教育教学全过程,讲好抗疫阻击战"中国故事",打造非常时期铸魂育人的"战疫"金课。

三是充分发挥"第二课堂"的强引领。要展现党的助手和后备军的担当,展现生力军和突击队的作为。发挥团属新媒体阵地优势,将"七个观"教育融入到"第二课堂成绩单"、主题团日活动、团支部立项、志愿服务活动中,用"七个观"加强学生思想训练、政治历练、实践锻炼,在战疫精神、战疫故事、战疫实践中教育学生、引领学生,凝聚起青年学生众志成城抗疫情的强大力量。

四是着力打造齐抓共管的新格局。树立"抗疫"宣传"一盘棋"的工作格局,盘活组织系统、卫生系统、应急救援系统等的特色优势,科学统筹,加强分工,形成合力,充分发挥对青年学生的示范引领作用。把"七个观"教育和优秀"战疫"典型进校园、防疫科学指导进课堂,公共卫生教育进教材相结合,以更开阔的思路、更有效的政策、更得力的措施推进防控疫情"大宣传"工作,推动"抗疫"精神对青年学生的强势引领。